栖心圖書館聚珍輯刊

（第一輯）

中

可祥 主編

上海古籍出版社

中

冊

七塔報恩佛學院院刊

达觉題

《七塔報恩佛學院院刊》為七塔報恩佛學院內部交流學習之刊物。時任報恩佛學院院長溥常長老，感慨於世道人心之不古，列強學說主義雜糅而蠱惑後學，為了挽回世道人心，令衆生開示而悟入佛智，便主事編輯《七塔報恩佛學院院刊》，鼓勵青年學僧，明瞭報恩院額、發揮報恩四種、不負厚望。院刊主要刊載報恩佛學院師生的文章作品以及與七塔寺、報恩佛學院相關的詩詞講論，出版於民國二十五年（一九三六）十月。由太虛大師題簽，首頁是紅字印刷的「學僧二十要」以示培植僧伽奮鬥人才之初衷，書前有各位長老照像七幅、王震題字「如如不動」、題詞七篇、溥常長老序、諦聞法師緣起，全刊分設講壇、論叢、藝苑、特欄、吟壇、雜載六個欄目，收録報恩佛學院教學生活的文獻資料。院刊印行主要為內部探討學習之用，流布未廣，又經戰火，僅有孤本存留，為王文輝居士珍藏。王文輝居士自一九八〇年以來一直熱心於弘法事業，為寧波佛教及七塔禪寺的文化建設事業貢獻力量，藉《七塔寺人物志》徵集材料之契機，將《七塔報恩佛學院院刊》贈予七塔禪寺。該本即是民國二十五年（一九三六）鉛印本，現由栖心圖書館珍藏，兩處鈐有「王文輝」印。

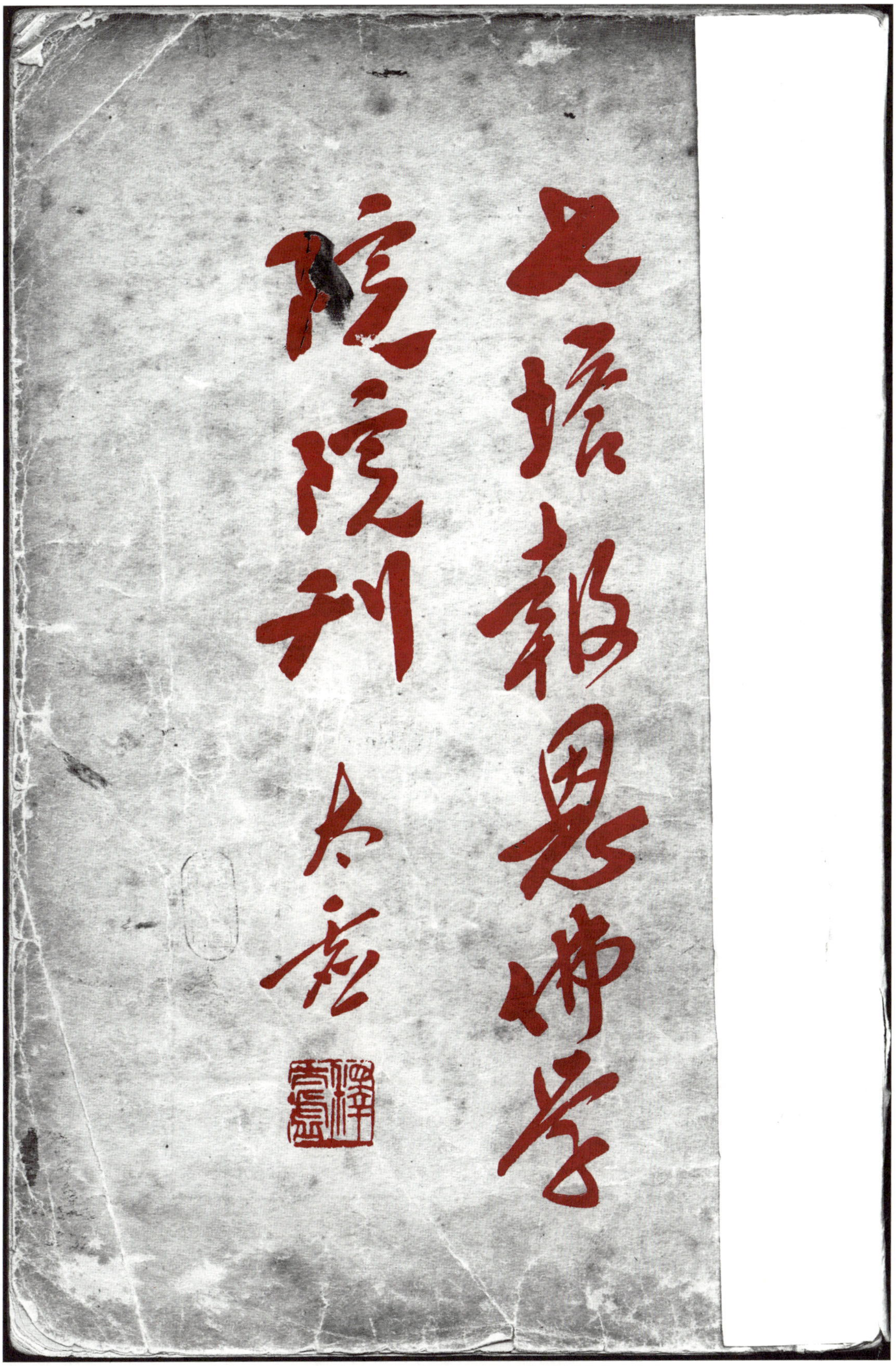
七塔報恩佛學院院刊
太虛

學僧十二要

提倡佛陀犧牲主義

精神要振奮　態度要尊嚴
腦筋要活潑　思想要靈敏
意志要堅强　目的要遠大
學問要宏博　做事要精勤
生活要儉約　對人要謙恭
舉動要文明　語言要合禮

培植僧伽奮鬥人才

寧波阿育王寺講經通告

本寺謹於夏曆九月十五日敦請
靜權老法師宣講
大佛頂首楞嚴經全部　以此功德祈禱
世界和平　干戈永息　法輪常轉　佛日增輝　惟時屆冬令嚴
寒敝寺設備簡陋　祈請來山聽經　諸大善信自帶被褥較為清潔
諸希原諒　再者敝寺從未出外募緣　近聞滬甬各地時有假借敝寺
名譽在外募化　倘有上項之事發生　務祈注意免受其愚
民國卅七年　監院遠淨謹啟

報恩佛學院院刊

目次

講壇

論叢

目次

藝苑

目次

特欄

吟壇

目次

雜載

慈運慧祖遺像

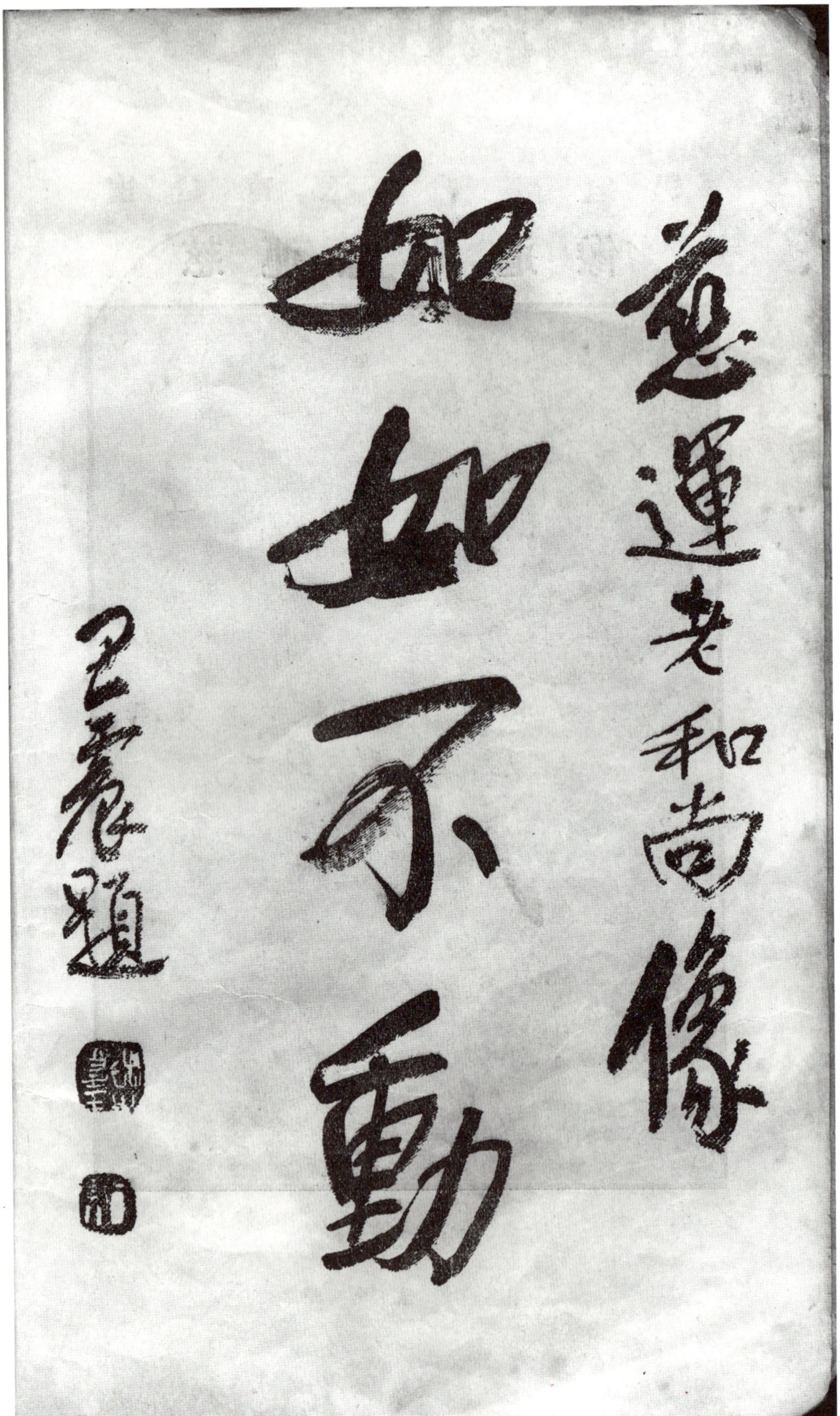
慈運老和尚像
如如不動

僧晉首座

時年六十九

智圓退居

時年六十三

圓瑛退居

時年五十九

常西退居

時年六十八

妙宗首座

時年七十五

溥常住持兼院長

時年七十一

報恩佛學院院刊題詞（一）

超九界以獨尊。踞一乘而無上者。佛也。降跡閻浮。誕生印度。應機示現。說法利生。其學理之淵宏。宗旨之純粹。久爲東西各國學者所公認。於世界亞洲有偉大之史蹟。溯自金人應夢。聖教西來。白馬馱經。慧光東照。歷千餘年。賢哲繼起。宏宗演教之士。代不乏人。降及叔季。去聖時遙。正法寢衰。科學發達。指佛教爲迷信。視僧儕爲廢民。其故皆由缺乏僧才。宏揚大化。故使三藏聖教。晦而不彰。則佛學院之設。固不容緩也。而我七塔報恩禪寺。爲浙東古刹。甬上叢林。自慈老人中興以來。百廢俱舉。有欲培植僧材。荷擔佛法。闡揚大乘。普利人羣。故有報恩佛學院之出世。經云。假使頂戴恆沙劫。身爲牀座遍三千。若不說法度衆生。是則不名報恩者。圓瑛頻年諸方宏法。未得相與諸生。晤對一堂。但望既爲佛子。自當愛惜光陰。立志學佛。從聞而思。從思而修。從修而證。依此學佛之途徑。一往直前。解行相應。品學雙優。他日堪爲人天師範。續佛慧命。報佛深恩。是所望焉。今者。本院院長。溥常和尚。同教務主任。諦聞法師。欲將辦學情形。學生成績。彙出院刊一册。俾令見聞隨喜。爰述數詞。以示忻忭云爾。

民國二十五年秋本寺退居圓瑛題

題詞（二）

佛生西乾　化被東方　四攝八正　隨處敷揚　啟迪後昆　建立道場
設院興學　志願堅强　發行刊物　立論堂皇　博引經史　塏切慈祥
文章道德　各擅所長　虔伸頌祝　日月同光

智圓敬題

題詞（三）

弘揚教理　眞諦無窮　院多覺者　刊物是宏　法門不二　靜修正宗
慧燈長明　獅座圓融

金夢麟題

題詞（四）

至理微言　圓融周徧　人人具足　個個成現　因惑蓋覆　世尊愍念
隱實施權　善巧方便　語言文字　藉廣導生　開示悟入　佛之知見
七塔報恩　辦佛學院　培植僧才　甄陶無間　宗紹華嚴　止於至善
衆法之海　羣經之幹　咨爾志士　惜陰如電　默而識之　學而不厭
到目的地　誨人不倦　當作前鋒　勿爲後殿　玆有成績　發刊供獻
謹弁數語　甚慚甚歎

深悟謹題

題詞（五）

摩竺西來有言說　少室傳心語言絕　要知大法本圓融　有言無言非兩橛
峨峨七塔瞿曇宮　莘莘學子勤鑽攻　誰其主者曰溥公　十年精力疲養蒙
心勞不敢自言功　姑留泥爪如秋鴻　良材祝長參天松

無住敬題

題詞（六）

驪珠映日倍騰輝　奧旨闡揚妙入微　萬里長川澄碧落　羣迷望海總知歸
滿目珠璣羅寶林　置身渾似入山陰　當年鹿苑同斯盛　嘉會因緣無古今

也空敬題

題詞（七）

甬江之東　報恩學院　英賢蔚起　獅吼象鳴　擷錦摛藻　發而爲刊
振聾啟聵　晨鐘暮鼓

碧霞敬題

報恩佛學院院刊序

溥常

自生民以來。我國三皇之教簡而素。春也。五帝之教。詳而文。夏也。三王之教。密而嚴。秋也。降及秦漢。百弊叢生。有不忍聞問者。於是我佛如來。一推之以性命之理。冬也。古聖說教。迭相扶持。猶天有四時循環以生成萬物。然至其極也。皆不能無弊者。由秦漢而下千餘載。人心不古。異說競出。風俗愈靡愈薄。三教鼎立、互相詆訾。大道寥寥。甚爲歎惜。近時海道開通。歐化東漸。耶回天主。雄出列强。種種學說。種種主義。紛然雜糅。哄動全球。爭權利。沒公理。以武器爲神聖。塗炭生靈。毫無顧忌。佛經有言。近則九生。多逾百世。令眞修行。總成魔眷。信不誣也。我釋迦世尊。醕以第一義諦示人。最初闡揚華嚴大教。小根聾啞。未堪所聞。經歷四時之淘汰。究竟法華會上。極暢本懷。開三乘之權。顯一實之道。如來出世大事。無非欲令衆生開示悟入佛之知見而已。近今政體變革。社會窳敗。非仗如來大慈大悲之無畏精神。決不能挽回世道人心之言。誠爲千古確論。斯時也。中外卓識遠見之志士。勃然興。油然生。欣欣然趣入佛海。以佛學爲安恬天理良心之第一歸宿。未始無由。吾儕佛門子弟。爲如來使。荷擔大法。義不容辭。但念時當末刦。法運垂秋。布教僧材。實不多得。本學院自民國十七年國歷九月一日開辦。經三屆住持之提議。至第四次教育部奪產之聲雷動。合寺大衆驚愕。報恩佛學之曙光。始得出現。溥常拙性自守。不事粉飾。主辦經數年之久。授受精神。均少奮發。竟無成績可述。實深浩歎。開士諦聞。戒子聖眞。曰五濁衆生。機根太劣。若無文字宣傳。難以鼓勵後學。編輯院刊。亦不容緩。余曰唯。强爲題辭。隨智隨情。我佛所許。然學院額曰報恩。自當顧名思義。首先開學登座。發揮報恩四種。名出大乘心地。我青年學僧。始終牢記不忘。有厚望焉。此序

七塔報恩佛學院緣起

諦聞

佛學發源於身毒。光大於支那。流傳幾千年。縱橫數萬里。不爲任何方土所限。不爲任何時代所拘。亦不爲任何民族言語文字所隔閡。所以然者。以其教則善知依趣。應病施藥。理則如有盡有。不增不減。行則隨順正軌。不緩不越。果則用極體圓。功不唐捐。如如善巧。圓滿究竟。故無往而非適也。雖然法不自宏。宏之在人。是故飲光慶喜。集結三藏。迦旃尼子。制作婆娑。乃至龍樹提婆。暉光般若。無著世親。闡演瑜伽。遂使微言大義。有如日月經天。江河行地。竟至五天皈命。六師稽首焉。

溯自白馬東來。傳承祖印。高僧大德。相繼發揮。演成十宗五派。十宗者。律宗、禪宗、密宗、淨宗、乃至台賢、慈恩、三論是也。五派者。臨濟曹洞溈仰雲門法眼是也。自六朝以迄唐宋。代產賢哲。或則戒珠瑩潔。或則定海澄清。或則慧辯淵逸。於以宏宗演教。攝化有情。所以四衆傾心。萬流皈仰。而佛法之眞義。涵濡漑注於人人之腦際。儼爲第二之佛教國也。

今者大教陵夷。不絕如縷。開來繼往。端賴英髦。故欲謀佛法之昌明。須培宏揚之人才。欲培宏揚之人才。須辦佛化之教育。非人才無以宏佛法。非教育無以培人才。此教育之所宜亟亟提倡。而報恩佛學院之所由設立也。

四明古稱三佛地。僧伽之衆。藍若之多。佛化之隆。甲於全國。所以四方學者。擔囊負笈。率多參訪於此。於此佛法之盛衰。關係於全國者至深且鉅。故報恩佛學院之設立。其意之義重大。有勝於尋常者。

溥常圓瑛智圓諸大德。秉如來之囑累。負先覺之使命。不惜犧牲。倡立斯院。嘉惠後學。福利青年。續將絕之獅絃。挽既倒之狂瀾。恢宏之功。信無量也。

院名佛學者。所以簡彼異學。非外道學。非世間學。故名佛學。亦即所以學爲佛也。既學爲佛。非徒口耳之學已也。非徒文字思辯之學已也。必也學佛之所行證修得。而行而證而修而得。斯爲至焉。故三果聖賢。十地菩薩。猶名有學。大乘如來。小乘羅漢。始稱無學。大哉學乎。高山仰止。景行行止。是在學佛者之勇往奮發焉耳。

本院開幕日諦閑老法師訓詞

人心險詐。風俗澆漓。挽救之方。佛法是尙。然佛理幽深。非興學不能標其旨。經書浩瀚。非設院曷易奏其功。此報恩佛學院。所以不能不辦也。今者。本寺退居長老。並諸綱領要職。發菩提心。修菩薩行。孳孳以佛法爲憂。當此千鈞一髮之秋。唯望諸君。認眞研習。以佛法爲體。以文學爲用。共秉堅固之精神。同求甚深之智慧。將來分燈遍照。爲法爲人。是厚望焉。凡一院中人。第一要知明分。謂明其職分之所在。上下各所當爲者。曾子曰。君子思不出其位。思且不出其位。况行爲乎。慨自風敎陵夷。小而傾軋。大而戰爭。舉世騷然。迄無寧日。推究其源。皆由分之不明也。分何以不明。凡人因其地位。而各有本分。即如佛學院中。敎師有敎師之職分。學員有學員之本分。各盡其職。各守其分。即安分、亦即明分也。院中團體生活。所有規則。

當共同遵守。不得任意。是所望於諸君。宜注意於明分者也。第二要具威儀。謂禮重威儀。學院爲講禮之地。舉凡上課下課。以及內外出入。必須整肅威儀。令人見之生恭敬心。所謂有其外。必知其內也。第三要不浮動。凡求學之道。首重沉靜。苟欲定其心。必先靜其身。至於靜身之道。隨時隨地。謹守規則。以去其浮動。身不浮動。心自能靜。靜則明。明則智。一切學問俱易進步矣。不靜則氣浮而心粗。心之粗者。必無以入乎理之精也。譬夫縫針。其孔甚小。今以粗綫貫之。寧能入乎。此理最易明瞭。第四要戒自是。人非聖賢。孰能無過。過固人所不能免。苟能不自是。而時時知悔知改。雖有小過。亦何害也。故曰有過不自知。則必自反。諸君能得反省之事項。一一記之簡册。此誠最好之修養方法也。至於師長有所訓誡。尤須激切猛省。不可自是。夫如是。庶乎能寡過矣。此誠爲師爲匠。成聖成賢之道。第五要識言行。切不可但重其言。而不察其行。大凡讀聖賢書。便要如親對古人。受其教訓。而心體力行之。久久默化潛移。氣象自別。如此方爲正眞求學也。其實學問之道。不在言而在行。言論不過發表意思。而成就之效果。尤賴實行親證。如吾人高瞻遠眺。步步前趣。積士成山。不棄一簣。若徒有言。而無實行。終成畫餅。而實行之效。尤在於人所不見。故曰有形之惡小。無形之惡大。善亦如之。故知大學問人。其要貴乎愼獨。所謂獨者。即在我人一念之間。須知一念之動。即十方世界。三世時刧。一切生佛。一切禍福之所關係。譬如無線電。此發彼應。一念之獨。固不可不愼也。今於貴學院開幕之日。與聚一堂。最爲難得。以鄙見略貢一二而已。惟諸君勉之。

本院開學寶靜法師訓詞

今天是貴院開學之日。鄙人參預盛典。莫名歡喜。寧波聖蹟昭彰。名藍競雄。誠爲中國佛化之中心點。但於研學佛法之社團。頗憾缺如。惟觀宗有弘法研究社之創立。餘則無聞。並未有熱誠興學之舉動。幸今七塔寺。由溥首座與諸老和尚。共同組織報恩佛學院。專一研學佛理。以期造成人材。是則寧波復多一弘法團體。能不爲之鼓舞欣躍者乎。本市四大叢林。辦學者已有其二。倘天童育王。亦能得同樣之創辦。則佛教前途。當有良好之氣象。鄙人對於斯院。略有二意。願與在座諸公。一商榷之。一、創辦佛學院為救教急務之所以然。時至今日。內腐外摧。孰不謂為佛法衰微之際。然究其所以。佛教何故為世人所不容。毀謗之。摧殘之。搗亂之。破壞之。無所不用其極者。皆由社會上不明佛理之所在。憑諸胸臆。斥為迷信。呵為無稽。愚者復盲從而附和之。故有種種不良事生。今欲挽斯狂瀾。非將佛教真理。力謀闡揚不為功。或於中下社會佈教。或於智識階級宣傳。乃至醫院、工廠、軍隊、監獄等處。皆以法水灌輸之。滋潤之。既令明曉佛理。復何敢有摧殘搗毀之事。如韓愈初不明佛旨。致有排教之說。後遇大顛和尚之開示。即生淨信之心。但求佛理發揚於天下。何愁外界之摧殘。然欲宣傳佛化。又非辦學造成弘法人材不可。所謂人能宏道。非道宏人者此也。是則所以創辦佛學院。為當代救教護法。刻不容緩之意旨。如斯院以四十學員為額。將來三年圓滿。成就弘法資格後。即可分方說法。各設一佛學院。又各以四十院生為額。如是則有千六百弘法幹材。勢必復各建設。則有千六百佛學院。如是展轉施設。分燈弘化。將見處處無非華藏界矣。二、各處佛法團體。須互助精神。以謀合作。審觀佛教徒。抱自顧自利之念者居多。既無嚴密組織之能力。復乏相當互助之精神。甚至門庭見。各執派別。分河飲水。互相詆毀。唯撐自己門面。不顧佛教大局。不知同一教門。休戚相關。內無眞實團結力。故難禦外侮之頻來。此皆自所招感。與人何咎。今七塔寺。有報恩佛學院。觀宗有弘法研究社。皆屬具體組織之法團。彼此爲法爲人。並無其他作用於其間。雖各辦各的。儘可精神互助。以謀合作。則辦事易於進行。將來定得美滿效果。斷不可妄自分相。及執宗派知見。不唯觀宗七塔之法團。有合作之必要。即其餘各處之學佛團體。亦均宜聯絡。相助爲理者也。曾聞人云。七塔爲湖南會館。觀宗爲溫台會館。余聞斯語。甚爲佛法悲觀。以不平等待遇。加諸佛弟子身上。至爲可憾。須知佛教完全大同主義。人毋論親疏。地不分遠近。一體同觀。平等不二。安得妄認同鄉。分人我見。貿然起門庭作用。違反旨趣。全失佛教眞面目。此即法門之衰相。可痛孰甚。余心爽直。今特在各長老及諸上座前。斗膽暢吐所懷。不敢自秘。敬祈諸公。泯除此等分別心。以道相親。以法相處。切不可用諸世俗情見。觀宗寺現已除此等積習。即如觀宗學社。湖南人實居三分之一。其餘鄂粵滇黔等省人。皆有之。事事公開。平等無異。願貴院貴寺亦具同樣之辦法。是所厚望。今天爲貴院發軔之始。略說鄙衷。未知公等以爲何如。

本院開學周道平先生訓詞

道平識慚固陋。學愧淺疎。而於甚深無上之佛法。更屬門外。業重障深。徒竊嚮往。茲者。一堂濟濟。或爲碩德長者。或爲通教法師。班門弄斧。未敢致詞。辱荷囑命。爰敷數語。其鄙狹無當。知難免於大雅之譏。溯自近歲以還。每讀報章。見僧界之受欺侮者。輒戚然而憂。見有創設學校。或其他事業者。輒瞿然而喜。此間學院成立。已覺欣慰。今日更得身與開學盛典。則由欣慰而雀躍矣。今之明大局。殷殷以教育後學爲己任者。固不乏其人。昧於勢而慳於捨者。間亦有之。此間獨能超出常情。而爲此宏揚之舉。其見地襟懷。均足令道平所欽佩不遑者。邇者。人心日壞。已爲人所公認。固非一二人憤世之語。其最甚者。對於佛教。咄咄逼人。攻謗日劇。謂口不能說法。手不能執筆。身失威儀。今後學院林立。學成業就。人才輩出。向之輕謾我者。不攻自滅。將來布教之建設。如立學院。辦工廠。設醫院。在在需人。更非多立學校。不足以廣其敷。此僅就對外而言。學之有關於吾教者已如此。其尤甚者。即己身本分事。以世俗塵事。猶且有十年讀書之訓。況於佛法無邊。事了生死。遠非一朝一夕之學。所可躋及。而續佛慧命。責且益鉅。古之學者爲己。此之謂也。老生常談卑之原無足道。今幸諸師來學之志。心之所慶。遂不禁言之喋喋。尚希進之以恒。毋易初心。詩曰靡不有初。鮮克有終。願三致意焉。

本院開學溥常老法師訓詞

今日我報恩佛學院舉行開學式盛典。事屬將來永久紀念。則須知今日爲民國十七年。歲次戊辰。七月十八日。即陽曆九月一日也。承諦老法師與諸長老所頒訓詞。想諸參學已能了達接受矣。溥亦勉附諸長老之末。略抒愚見。比蒙本寺兩序公舉。擔任主講兼院長。今年六十有三。自顧衰老。不堪重勞。但既叨俾委之殷。寧辭仔肩之任。惟有奮發精神。勉盡綿力。以期鞠躬盡瘁。無愧本懷。如此方無負於經費之糜。大衆之托。求學之願耳。茲揀二要點爲此番演講之因緣。第一要認明求學之本志。既來發心求學。志願必須堅固不移。楞嚴經云。瞬若多性可銷亡。爍迦羅心無動轉。正此之謂。所學課程。則求行解。所列規則。則守毋犯。三年學滿畢業。初心究竟不二。入華藏法界。悟毘盧性海。普賢行願成就。從此焦桐逸響。人品何等高尚。讀黃檗禪師詩。塵勞迥脫事非常。緊把繩頭做一場。不經一番寒透骨。爭得梅花撲鼻香。是知深造之學。不經久勉之功。莫或致也。第二要了解報恩名義。顏曰報恩。係依敕賜七塔報恩禪寺而定名。心地品云。世出世間之報恩有四。第一父母。凡有生以來。皆有父母養育乳哺。此恩此德。昊天罔極。第二衆生。經云。心佛衆生。三無差別。十二種類。衆緣和合。法身流轉。名曰衆生。梵綱云。一切男子女人是我父母。我生生無不從之受生。故云六道衆生是我父母。殺而食者。即殺我父母。亦殺我故身。且際此革命期間。血流遍地。殺戮相尋。惡業叢現。如能盡子道。拔濟三有。如此功德。報恩無旣。第三國家。邇者。政治更新。諸多建設。僧爲國民應盡感化之義務。本宗教之勸善。輔法制之未逮。夫聖人出世。欲人盡安平。所以謂堯舜與人同耳。欲息競爭。所以謂會天地與我同體。今之以黨治國。在使人言順而貌從。此但法律以制其外。吾教救世。在使人心化而行善。則明因果以怵乎內。此則先乎神。而次乎人。感其內而制其外。神也者。人民之眞精神也。然非語於鬼神邪惑之說。環顧國中。果能發其淨信。修其精神。善其履行。則化干戈爲玉帛。轉糾紛爲平允者。直轉移間耳。以視喋血經年。治絲益棼者。不其慨歟。卽淺而化機少具。禍福之門。則已迴別。固何患夫政治之不修。社會之不良。眞實平等自由之樂而不致哉。第四三寶。住持別相一體。三說詳繹。以時間短促。故置勿論。僧爲三寶數。自己當尊重。若不傳法度衆生。畢竟無能報恩者。東半球佛法遍滿。人類中毒根深。如少食金剛難消。慨夫近歲中華佛教大局。淩弱已達極點。外界激刺疊來而不知自救。實深浩歎淚下。曰寄生虫。曰痲木鬼。曰睡獅。曰廢人。斯等罵名。罪在何人。我方袍圓頂。衣裳楚楚。稗販如來之假名佛子。能不羞恥而傷心乎。請問現在清淨大衆。聽聞此等罵名毀辱。能動心否乎。抑願甘心待斃歟。溥常杜門偷閑。恰經十載。從前熱心教育之念。將次灰冷。乃近鑒於僧伽興學之潮流。重以兩序委囑之雅意。大義所責。良心所現。不自揣度。爰再出任。其或學之不及。事之不善。尚希有以諒之。惟今之僧界。其欲挽頹風倡學校者。

頗不乏人。徒以長老守舊。後起尚新。意見紛紜。成效莫覩。今幸两序大衆。均能愛念護持。而來學同參。又能善順敬畏。融洽一氣。無礙無疎。則將來之成績斐然。可預卜矣。法華經云。菩薩摩訶薩。住忍辱地。柔和善順。而不卒暴。心亦不驚。惟望求學同志。嘗體念斯語。勉之哉。勉之哉。聚處方長。餘容後及。

本院第一週年紀念溥常老法師訓詞

我們釋迦老子。拖泥帶水。唇敝舌焦。說法四十九年。談經三百餘會。究竟所為的什麼。無非就是要建立三寶。救度世界上的一切衆生。但是。我們到了現在。眼見佛法快要滅亡的當兒。想什麼方法來。挽既倒之狂瀾。興將頹之宗風呢。據我目光看來。第一是在尊重僧伽。提高僧伽的生活。養成僧伽的資格。正傳經上說。皈依僧。衆中尊。就是這個意思。

於今世態的變遷。一天不如一天了。人們的居心和趨向。也是一天比一天壞了。我們站在佛子地位的人們。眼見著這種的情狀。能忍心袖手旁觀。不起來勸化他們嗎。要曉得。這種勸化的義務。凡是我僧伽們。都責無旁代的。這並不是我們自言自語。也不是我們無事找事。東西各國的許多遠識卓見的大哲學家。大思想界。同所公認的。他們都說。挽回世道人心的妙法。搜盡一切宗教。找不到一個相當的。唯有博大精深。至高無上的佛法裡才有。照這看來。吾輩既然位居三寶之列。名稱如來使者的僧伽們。怎能自暴自棄呢。

可是現在的事實。明明告訴我們衰敗的樣子。已無可諱言了。產業被人奪去了。寺宇經人拆毀了。佛像給人破壞了。我們的僧伽早已被人唾棄了。我們應該打起精神來。重整我們的旗鼓。一心向前去奮呼。達到最後勝利而後止。就是不幸而死了。也是值得的。楞嚴經上道。將此身心奉塵刹。是則名爲報佛恩。這二句話。好比是現代的强心針。我們打了。就可以奮發圖强。應該時時把他刺念的啊。

現在我們七塔寺。開辦這個學院的起因。也就是爲這個。希望著造就幾個人才出來。好到社會上去播播教。替佛法揚揚眉。替僧伽吐吐氣。光陰眞快。我們大家在這裡歡叙了不覺已經一年了。如來的法水。大家灌沐得差不多了。對於華嚴大教。人人都能明瞭。個個多能講解。智並文殊。行齊普賢。這是多麼欣幸的事啊。照這功無間斷的幹下去。那毘盧佛果的位子。還怕弄不到手嗎。行願品上道。諸佛如來。以大悲心爲體。我們做佛子的人。應當也以大悲心爲體。去實行大悲的方便。須知。不有衆生的苦惱。這大悲心就不能生起。不有大悲心。這菩提的果位不能成就。所以度生。就是我們成佛的正因。

先前本人在本院開學的時侯。對這報恩佛學院五個字的名意。已曾談過了。所謂第二要報衆生恩的意思就是在此。所以我說。行道的人。能夠隨順供養衆生。就是隨順供養諸佛。能夠令一切衆生歡喜。就是令一切如來歡喜。經上道。心佛衆生。三無差別。也是這個意思。

我們學校裡的章程。照規矩是這樣的。初級的是訂一年爲滿。高級的是訂二年爲滿。現在你們一年的。當然畢業了。還有二年的。還在功虧一簣。正當努力。我希望你們的脚跟。必須要踏得穩穩當當。一步一步的實地做去。切忌去做那衒玉求售的假法子。反而忘了自己的本身。從前藕益老人道。一日賣三擔假。這話的用意。就是要教我們發眞實心。實事求是。不要虛花。始終如一的去苦幹硬幹。這裡又有句古話道。舉措須看上流。切莫隨於庸鄙。這你們也應該牢牢記在心頭的。最後。我以十二分的誠懇心。願你們精進勇猛。並祝本院壽命無量。

本院第四學期放暑假溥常老法師訓辭

今天就是本院降生到人間以來的放第四次暑假的日子。常住的班首執事都很熱心的雲集至此。眞是一個很大的因緣。我今天特來給諸位講講本院的宗旨和過去的概況。本院宗旨是以造就弘法利生的人材爲宗旨。所定的課程。是以賢首宗爲主體。兼授普通科學。廣招諸方有志學僧。來院修學。使能早日成就。以滿創辦人之厚望。宣講大方廣佛華嚴經大部。已經有二年之久。現在正講入法界品四分中爲依人證入成德分三分中爲流通分的時候。每天在學衆中叫了幾個學員來復講。但都能現菩薩身。登寶蓮華獅子之座。種智圓明。分燈傳燃。這都是在過去劫中就熏習了這種善根。所以承蒙毘盧遮那威神的加被。故能令法界衆生都能沾法雨的滋潤。而增長信根善芽。有了這樣很深的知見。雖然得不到位後的普賢。但位前的普賢已了了無疑了。由這一點看來。就可以知道初發心的和發心多年的沒有什麼兩樣的分別。初發心人。便能成正覺。便能大開大悟。慧眼普照十方。慧智開導一切衆生。這豈不等於菩薩。等於發心多年的老參嗎。雖然發心多年。而不能成正覺。腦筋仍然迷糊。一點道理都不懂。這和初發心的人有什麼分別。恐怕還不如初發心的人呢。

請看華嚴會上彌伽醫人在市肆的十千人衆中坐獅子座講說輪字莊嚴法門時。善才童子南行。參訪適遇。便合掌至誠懇切地說。「我已發無上菩提心。但不知什麼叫行菩薩行。是以特來朝拜。請求開導。」彌伽便問道。「你不是已發菩提心嗎。善才回答說。「不錯。是我已發菩提心了。」於是。彌伽就下座五體投地。散佈金銀華栴檀香。無量數的寶物供養它。然後。才起立合掌開導它說。「發菩提心。就是不斷佛種。嚴淨佛刹。就是成熟衆生。菩薩所行的行。非常護見。見菩薩的人更不容易有的。菩薩就是衆生的父母。所以對於衆生危難的事。都要來救濟保護使它能夠安然快樂。這就譬如。「風輪持諸世間。不令墮地」的道理一樣。說畢。彌伽的面門已經放出光明來。普照三千大千世界。其中衆生。遇光聞法。都能在無上菩提道上得到不退轉的阿耨多羅三藐三菩提。於是。它便還陞本座告訴善才說。「我已經得到此妙音陀羅尼。能分別知三千大千世界諸天龍八部人與非人及諸梵天王。所有言語。……亦復如是。……照這一點看來。凡人祇要肯發菩提心。肯眞誠去代佛宣揚妙理的話。就可以得到無上的福德。無上的享樂。但諸位同學陞座秉三軌四安樂行的遺訓的時候。是不是和它一樣呢。要不然的話。那末。我們就要趕快發慚愧心。追悔過去。努力將來。負起前人的遺命來。繼起前人的精神。向前努力。向前奮鬥。早達成功之領域。旣不孤負前人爲我們創造的苦心。又不孤負我們的人生了。

現値末法時代。佛法日趨衰敗。外道日漸瀑漲。實屬可憂。隨便站在客觀的地位。或主觀的立場上。都能看出佛門的險象來。佛門若不能自振。則一切邪道便要趁機而緊張。將來險象必要牽帶佛門以俱亡的呵。楞嚴經云。「近則九生多逾百世令眞修行總爲魔眷」由此可知過去的祖師已經給魔眷打過不少的仗了。今者仍然還是與魔眷打仗。當此計窮力盡之際。存亡莫測之秋。撫昔傷今。不由的痛哭流涕了。欲想振其頹風者。可恨魔眷遍地。無所投足。那好進行步驟呢。你們都是眞實的佛子。既然有志來院修學。那末。就應當負起如來的使命來。當那人聲寂靜的淸夜裡。痛思着我們的過去。設想着我們底將來。豎起精進的光明幢來。披起忍辱的鎧鉀來。拿着我們底武器。踏上我們底戰綫。開始和那魔眷來打仗。大家一致起來。有事大家動手。努力向前奮鬥。努力向前衝闖。打倒那可惡的魔王。復興我們底佛敎。穩固我們底基礎。不致再受他界侵犯了。我們的立塲。是上求佛道。下度衆生。果能如法做去。方能談得上報恩的兩個字。同時也才能與報恩佛學院的名義相符的。但我無一刻的時候不是在盼望着你們。你們現在放了暑假。不過是暫爲休息的。萬不可藉此時機。而任意縱情放蕩。荒棄學業。這是我最後的一點屬託啦。

本院歡迎諦聞法師演詞

今天承此間院長的優遇。及各位同學的雅愛。開會歡迎。實在是不敢當的。今天在座的各位。有些是宗敎兼通。德學俱備的先知先覺。有些是腦筋新頴。學識宏富的英俊青年。故要我來講演。覺得很難措詞。不知如何說好。可是既跑到講堂上來。又不能不說幾句。以副各位的雅懷。要想擬一個適當的題目。來系統的講演。或作學理的商討。却又在這慌忙急促的當中。很難找到一個恰到好處的題目。只得拉雜的來與各位談談。

佛教自漢朝傳入中國來。到了隋唐的時際。興盛已達極度。其影響於社會人心。亦甚鉅大。上自君主。下至庶民。沒有一個不崇奉佛教。所以當時佛教的勢力。幾乎成爲中國社會化。所有民情風俗學術思想等各方面。都帶佛教的色彩。完全成爲佛教化。所以那時的佛教。可以稱爲黃金時代。宋明以還。漸漸地衰敗下來。一直到現在。益呈萎枯凋零之象。要想找一個深明教理。廣行佛事的人。匪特世俗間稀如麟角。即佛徒中亦寥若晨星。考其致衰的原因。由一般佛教徒。內受小乘佛教的洗禮。外受君主專制的壓迫。或在深山邃谷間。韜光晦迹。抱着遺世獨立的觀念。或在茅蓬草菴裡。淸淨自修。度着獨善其身的生涯。他們不願聞問社會的一切。亦不願與社會相往來。一向的以自了爲宗旨。以出世爲目的。即佛徒分內所應做的慈善事業。亦置之不顧。

造成這種風尙後。把積極救人救世的大乘佛教。好像罩上一層很濃厚的煙幕。顯不出他的本來面目。社會與佛教。劃成一大鴻溝。於是一般社會的人們。目佛教爲消極。譏佛教爲厭世。甚至認佛教爲阻碍社會進化的東西。這是佛教唯一致衰的原因。

到了二十世紀的今日。社會已經變遷了。人類的知識已經進化了。事實告訴我們。那條消極厭世的古徑。不容再走下去了。要想立脚在這適者生存的現社會裡。只有提起精神。鼓着勇氣。深入到社會裡面。百折不撓的去發揚大乘的佛教。做積極救人救世的工作。才有我們立足的餘地。才有我們生存的希望。不然就要受天演的淘汰。被社會的拋棄了。我們不要留戀千百年前的舊生活。不要泥執過去歷史的陳迹。甘爲時代的落伍者。應該迎頭趕上。站在時代的前線。去做一個新時代的新僧伽。來喚醒這現社會的一切迷夢者。方是烈火燄中的靑蓮。不愧爲人間的上座導師。

我們要知道。佛教是建立在社會的當中。而社會並不建立在佛教裡面。佛教是爲社會而產生的。而社會並不因佛教而存在。顯明些說。佛教是輔助社會進化的。解決人類困難的。並不是與社會沒有關係。離開社會而獨立的。因爲佛教的建立。是以教化社會爲唯一的宗旨的。如果離開社會。那佛教也沒有存在的必要了。所以我們要提倡社會佛教化。佛教社會化。

再說到我們現實的佛教。好像風狂浪急中的一隻破舟。危險到了極點。正需要着一個能力堅强的人來做操舟的工作。可是這操舟的工作。非常鉅大。決不是少數無用的人。所能担當得起的。必定要多數能幹的人。齊一意志。共同奮鬥。才能担當得起的。那末眼前具有這種操舟的資格。備有這種操舟的能力。同時負有這種操舟的使命的是誰呢。不客氣的說。就是我們青年學僧。我們青年學僧所居的地位如此其大。所負的使命如此其重。不要自暴自棄。因循懈怠。糊糊塗塗的把青年可貴的光陰混過去。應該發奮圖强。努力進取。培養自已的學力。充實自己的才能。準備去担當這操舟的工作。這是我今天所希望於各位同學的啊。

本院開學諦聞法師演詞

今天是本院民國二十五年度第一學期開始的日子。照例舉行開學的典禮。集師資於一堂。共討佛化教育的意義。這是何等殊勝的事。本人從去年下學期承溥公院長的聘。濫竽主講之職。今天得此參加殊勝典禮的機會。自己覺得非常的欣幸。照理應該說幾句鼓勵各位。或希望各位的話來點綴這殊勝的典禮。可是我今天所要講的。及我所想說的。剛才概由院長和各位長老。已經說得淨盡無遺。再沒什話可說了。不過我聽院長和各位長老演說的時候。心中生了無限的感想。不妨將此感想。來作今日講演的資格。藉以塵穢諸君的視聽。）我們中國佛教僧教育的產生。大約肇始於有清光緒三十年間。日人水野梅曉。在湖南長沙開辦僧學校。迄今已有三十餘年的歷史了。其間國內繼此而辦的。前前後後。一齊綜計起來。幾有百餘處之多。可是辦得有點成績的。却是寥寥無幾。所以到現在人才依然感覺希少。佛教依然感覺衰頹。而外界的壓迫。猶是變本加厲。有增無減。在在處處都表示着悲觀。沒有使人可以樂觀的地方。我以爲這些都是僧教育失敗的寫眞。而僧教育所以失敗的原因。雖各有其種種之關係。但是以我觀察所得的。約有下列的幾點。（一）辦學宗旨之不正大。三十年來中國佛教的僧教育。除了在家居士辦的少數佛學院。眞實爲宏揚佛法。培植人才爲宗旨外。其他出家佛徒辦的。多數佛學院。大半都是爲抵禦外侮。保護寺產起見。很少有昌明佛化。造就人才爲宗旨的。所以一旦發生了什麽抽提寺產侵佔廟宇。以及驅逐僧尼等問題的時候。他們感覺到閉起山門。盤着腿子。敲幾下木魚。念兩聲佛的這種主義。是不能抵禦外侮。又審今之勢。察今之情。非打教育的旗幟。喊教育的口號。是不足以應付潮流。左思右想。無可奈何之中。勉强的掛起一塊佛學院的招牌。照例的組織幾條森嚴緊密的章程。撰一篇冠冕堂皇的宣言。請一兩位法師教員。招收幾十名學僧。講講說說。寫寫作作。借辦學之名。抵外侮之實。所以到了事過境遷。風平浪靜的時候。爲抵禦外侮而辦的學院。也就沒有存在的必要。隨即把他拿來宣判死刑。送他往生去了。這是中國佛教僧教育失敗的第一點。(二)辦學經濟之不充足。世間上無論做任何鉅細的事業。都要以經費爲先決條件。如果經濟的問題不能解決。那無論什麽事都不能辦成功的。就是僥倖的辦成功了。但是他的前途。也是沒有什麽發展的希望。及有什麽成績的表現。所以經濟爲一切事業成功之母。例如民國以來的僧教育。除了一部分辦的宗旨不正外。其他有多少熱心教育的。爲法爲人的住持長老及護法居士們。以限於經濟。對於教育。實在有心無力。想辦而不能辦。終於望洋興嘆的。有些是辦了一年半載的教育。覺得頗有興趣。很想為佛教做番事業。為僧伽謀點福利。鼓着勇氣。一直幹下去的。然而到了中途。發生經濟的恐慌。雖竭力掙扎。實在無法撐持。終於忍痛停辦的。總而言之。就是辦學的經濟不充足。因此僧教育不但不能發展。而且日就衰頹。到現在眞是直等於零了。這是中國佛教僧教育失敗的第二點。(三)住持長老之無公益心。中國二十二省的大小叢林。一齊綜計起來。為數實在不少。其中有一部分的叢林寺院。每年的收入。只够自給自足外。其餘有一部分叢林寺院。實在寺產殷實。收入豐裕。很可以為佛教做些公益。盡點義務。可是他們只圖自私自利。不肯福利大衆。嘉惠後學。將十方僧衆所公有的佛產。據為個己的私有物。好像誰做住持。就是誰的所有權。他人絲毫不能染指。沒說別的十方僧衆沾不到一點餘惠。就是一個寺裡的同住大衆。也得不到什麼權利。每年巨額的寺產。大量的收入。糊裡糊塗地耗費於無用之地。你要提到叫他們拿點錢來培植幾個人才。或辦些僧教的育話。他們吝財如命。一毛不拔。不但二十四個不肯。還要訴出一片艱難困苦的情形。裝出窮得粥都沒吃的樣子。要是一旦遇着强權暴力的敲索。或發生有關於本身名譽的壞事。叫他們拿出三千五千。却又等於泥沙。滿不在乎。說到這裡。眞是令人痛心疾首。話又說回題目上來。就是富有寺產的住持長老們。沒有公益心。這是中國佛教僧教育失敗的第三點。(四)求學者之無眞實心。我們中國佛教僧教育。說起來有三十餘年的歷史了。照理教育應該昌盛。人才應該繁衍。可是現在的事實。却又適得其反。這是什麼道理呢。這種責任一方面固當歸咎於辦學者之太無恒心。忽辦忽停。乍起乍滅。弄得一般有志的青年學僧們。想學而不能學。終於一暴十寒。得不到長期繼續的脩習。專門深刻的研究。於是就誤了多少有爲的青年學僧。可是一方面又不能不責備於求學者之無眞實心。現在一般求學的青年學僧。習成了一種雲水的性質。今日跑到東。明日跑到西。這個學院住幾天。那個學院住幾天。沒有一個學院滿他們的意。不是設備不善。就是待遇不良。不說法師不對。就說教員不好。結果浪費草鞋。一無所獲。這是求學者無眞實心的一個十足表現。同時也是中國佛教僧教育失敗的第四點。(五)青年學僧之囂張過甚。只要進過幾年學。讀過幾年書的青年學僧們。外觸於社會環境的險罣。內感於佛教大勢的阽危。對於現實的佛教制度。多不滿意。改革的思潮。時湧現於心頭。躍躍欲試。不能抑遏。於是在學院則反對教師。常鬧風潮。在叢林則藐視執事。時起衝突。在小廟則冒犯師長。屢謀起義。一方面每每發表過激的文字。對於現實的叢林、多所指謫。對於現代的僧伽。多所批評。於是一般守舊的長老居士們。看到這種情形。一齊大驚小怪起來。衆口同音。一唱百和的。都說我們花了許多錢。來培植人才。而所得結果。適與期望相反。實在辦教育是無異製造敵人。無異自掘坟墓。再不能辦下去了。如果再辦下去。連我們自己的飯碗。都靠不住了。大家對於此說。認爲不錯。於是相率已辦的學院從此停辦。未辦的學院不敢再辦。弄得到現在。只有幾處有特殊情形。不能不辦的學院。不死不活的在那裡拖延着。這是青年學僧囂張過甚的結果。同時也是中國佛教僧教育失敗的第五點。）以上所說的中國佛教僧教育失敗的幾點。是我今天一時所感想得的。同時也是數年來在各方面經驗所得的。並不是我發牢騷。亦不是故意的描寫杜撰。可是當與不當。我也不敢武斷。還請各位批評。過去的僧教育失敗。既是這樣。將來的僧教育又當如何去做才得發展呢。）我這裡敢大胆的說一句。非復古不可。換句話說。就是依照古人建立叢林的意旨去實行。才有發展的希望。不然只有落後。不會進步。只有失敗。不會發展。這是我敢於斷言的。我們知道古人建立叢林的宗旨。即以叢林爲學院的。所以譬叢林爲大冶洪爐。其意義就是鎔鑄人才的地方。所以古來多少大德高僧。都在這大冶洪爐裡鎔鑄出來的。古人說十方同聚會。個個學無爲。此是選佛場。心歸及第歸。這幾句話解釋叢林即學校的意思。已經透澈無遺了。現在的叢林。完全失掉古人的本意。成了變相式的收容所。只知道十方同聚會。不知道個個學無爲。不成一個選佛場。更談不到及第歸了。所以我的主張。今後的僧教育。要想發展。只有復古的一途。就是以叢林爲學校。以僧衆爲學僧。以執事爲教員。以清規爲章程。以寺產爲經費。不務虛名。實事求是。使其寺寺化成學校。。僧僧化成學僧。叢林與學校的名稱。完全打成一片。學僧與僧衆的分別。完全化成一體。照這樣的辦法。既不糜費寺產。又不抵觸佛制。手續簡單。成效又大。無須再去組織什麼學院。無須再去籌劃什麼經費。果能如此辦去。教育沒有不發達。人才沒有不輩出的。至於學科方面。爲適應潮流計。應取新舊混合制。以佛學爲主。其他科學爲輔。方不致執藥成病。學不應時之譏。這是我對於今後僧教育的一點補救辦法。不知各位以爲何如。

本院放寒假諦聞法師演詞

新歷年頭。舊歷年尾。在這新舊年關交替的當中。本院今天來放寒假了。今天這天。以新歷來講。可以說是今年一年的開始。同時我們的今年一年之計也就從此開始。今天這天。以舊歷來講。可以說是今年一年的告終。同時我們今年一年之計也就從此告終。各位同學應該重視今天這意義重大的一天。不要當做普通的放假日輕輕的放過了。所以我今天特地提出「檢討過去。」「策勵將來」八個字來獻給各位。請各位在這放假期間。對於這八個字上去做一番切實的功夫。才不負今天這意義重大的一天。怎麼叫檢討過去呢。

我們在這放假期間。應該回頭去想想。過去這一年中。究竟得到了些什麼。讀了幾部經。念了幾本書。作了幾篇文。寫了幾個字。請各位去切切實實地去檢討一下。

復次在過去這一年中。所講的佛學完全瞭解了沒有。所教的國文完全明白了沒有。以及自己所作的文章完全通達了沒有。自己所習的書法完全進步了沒有。也要請各位去切切實實的檢討一下。

假若檢討的結果。要是過去的今年這一年中。所讀的經。所念的書。所作的文。所寫的字。以及所授的一切課程。都有進步。都有增益。那就過去這一年中總算沒有虛度。

假若檢討的結果。要是過去這一年中所讀的經。所念的書。所作的文。所寫的字。以及所授的一切課程。全都沒有進步。全都沒有增益。那我們在這新生的今年中。本着『往者不諫來者可追』的意義。應該不辭勞苦。不避艱儉。堅其志。固其願。以「朝聞道夕死可矣」的精神。向着求學的目標。勇往邁進。去加倍的努力。對於未瞭解的佛學求其瞭解。未明白的國文求其明白。未通達的文章求其通達。未進步的書法求其進步。總之不虛度時間。不唐喪光陰。俾其日有所就。月有所將。這就是我所說「策勵將」來的意思。同時也是各位在這放假期間應有的認識。

所以各位對放假的意義。不要錯解了。放假並不是叫我們去休息養神。經也不要讀了。書也不要念了。文也不要作了。字也不要寫了的意思。是叫我們把已經讀過念過的經書。以及已經授過一切的課程。去重新溫習。一方面未曾讀過念過的經書。去自動的研究的意思。換句話說。放假就是一個自修的時期。

我記得莊子有兩句話。「生也有涯知也無涯」他的意義就是說人的生命是有邊際的。有限量的。人的知識是無邊際的。無限量的。我們以有涯的生命。去求無涯的知識。孜孜汲汲。猶恐不逮。還有放假休息的功夫

何況我們衆生無邊誓願要度。煩惱無盡誓願要斷。法門無量誓願要學。佛道無上誓願要成。如不愛惜光陰。發奮用功。那衆生無邊何以能度。煩惱無盡。何以能斷。法門無量。何以能學。佛道無上。何以能成。

所以古來多少大德高僧。他們求學的時期。有些是枕木刺股的。有些是廢寢忘餐的。有些是斷臂立雪的。有些是捨身亡軀的。有些是三十年五十年用功不下山的。所謂朝於斯。夕於斯。造次必於是。顚沛必於是。念茲在茲。未敢稍懈。

現在我們根機知識遠不及古人。如再不勇猛精進。自强不息的去幹。那學業還有成功的希望嗎。所以我今天提出「檢討過去」「策勵將來」八個字是有重大意義的。請各位再三致意。不要視作具文。聽了就忘了。

本院觀世音菩薩聖誕日諦聞法師演詞

今天是我們娑婆世界的救星觀世音菩薩的聖誕。觀世音菩薩在我們娑婆世界。最有因緣。應化的事蹟。和靈感的地方也非常的多。所以今天這天。無論通都大邑。窮鄉僻壤的人們。都知道是觀世音菩薩的聖誕。眞所謂舟車所至。人力所通。天之所覆。地之所載。日月所照。霜露所墜。凡有血氣莫不尊親了。菩薩之所以能够使人這樣深刻的信仰。普遍的崇奉。這是什麼原因呢。以爲菩薩的志量深廣。願力宏大。而他的憂樂。亦與常人不同之故。常人之所憂者。僅僅是個人的貧窮患難。常人之所樂者。僅僅是個人的富貴利達。而菩薩則不然了。憂以天下。樂以天下。憂以衆生。樂以衆生。衆生之求。必以應之。衆生之樂。必以予之。衆生之苦。必以援之。換言之。就是先天下之憂而憂。後天下之樂而樂。先衆生之憂而憂。後衆生之樂而樂。這是菩薩的憂樂所以異於常人的地方。同時菩薩之所以號爲大慈大悲者亦即在此。

可是講到慈悲二字。不但是我們佛家的聖人所有。即儒家的聖人亦皆有此主宰。堯舜曰一夫不獲。時予之辜。禹思天下有溺者猶己溺之也。稷思天下有飢者。猶己飢之也。湯王之昭告后帝也。曰朕躬有罪。無以萬方。萬方有罪。罪在朕躬。武王之大賚天下也。曰百姓有過。在予一人。伊尹之以先覺自任也。曰天下之民。匹夫匹婦。有不與被堯舜之澤者。若己推而內之溝中。孔子曰。四海之內皆兄弟也。孟子曰。老吾老以及人之老。幼吾幼以及人之幼。這些都是儒家聖人慈悲的表徵。同時也就可以證明儒家的聖人。亦有慈悲的主宰了。

可是這里我們要知道。儒家聖人雖有慈悲的主宰。但是不及佛家聖人的慈悲那樣來得徹底廣大。何以見得呢。儒家聖人的慈悲。世間的慈悲。佛家的慈悲。出世的慈悲。世間的慈悲。以天下人民爲範圍。若出世的慈悲。則遍於十方。通於三世。其範圍之廣大。無有邊際。且世間的慈悲。其利益僅及於色身的方面。不能及於慧命的方面。

所謂衣食住比較優越而已。若出世的慈悲。其利益不特拔色身之苦。並能與慧命之樂。以此較彼。不啻天壤。

經上說。衆生無邊誓願度。又曰衆生界盡。虛空界盡。乃至法界盡。我願乃盡。又曰衆生度盡。方證菩提。又曰我不入地獄。誰入地獄。又曰如一衆生未成佛。終不於此取泥洹。又曰衆生無盡。我願無窮。由此看來。慈悲之廣大。願力之宏博。還有能超過佛家聖人之上的嗎。而佛家聖人之中。尤以觀世音菩薩之慈悲願力。更加深廣宏大。所以稱觀世音菩薩爲悲門之主。

觀音普門品上說。衆生被困厄。無量苦逼身。觀音妙智力。能救世間苦。具足神通力。廣修智方便。十方諸國土。無剎不現身。大悲懺云。我若向刀山。刀山自摧折。我若向火湯。火湯自枯竭。我若向地獄。地獄自消滅。我若向餓鬼。餓鬼自飽滿。乃至我若向修羅。惡心自調伏。又曰若諸衆生誦持大悲神咒。墮三惡者。我誓不成正覺。誦持大悲神咒。若不生諸佛國者。我誓不成正覺。乃至誦持大悲神咒。於現在生中。一切所求。若不果遂者。不得爲大悲心陀羅尼。以上所說的。都是觀世音菩薩大慈大悲發願度生的寫眞。

不過這里有人這樣疑問着。觀世音菩薩既然是大慈大悲。救苦救難。何以不化此黑暗世界爲光明世界。何以不化此修羅戰場爲人間樂園。何以不化此苦惱世界爲極樂世界。何以不化此熱惱世界爲淸涼世界呢。這里要知道。這不是菩薩的不慈悲。實在是我們衆生的業障太深。譬如濁水里面見不到日月影像一樣。菩薩雖然時時跟着我們。度我們出苦海。祇因我們坐在無明窟里。專門起貪瞋痴。造殺盜淫。不肯絲毫向善。所以業感愈受愈苦。觀世音菩薩也就束手無救了。

現在全世界的四週。佈滿了愁雲慘霧。人類大屠殺的浩劫。眞有山雨欲來風滿樓之概了。自從德國之重整軍備。東非之戰雲瀰漫。俄僞邊境之時起衝突。尤其九一八後。中國受日本之壓迫。變本加厲。日勝一日。恐怖的戰神。時時有光顧之可能。有人譬今日爲第二次世界大戰之前夕。並非無稽之談。我們這條渺小的生命。寄存在這危機四伏的環境里。有如釜中之魚。朝不保夕。眞是危險得很。要想消弭今後的世界大劫。亨受安寧的幸福。那並不是飛機大炮。魚雷潛艇等的殺人利器。可以消弭得到。亦不是幾條冠冕堂皇的非戰公約。和平公約所能制止得住的。只有念觀世音菩薩的名號。祈求觀世音菩薩的慈光加被。冥感顯應。令我們的業障消滅。逢凶化吉。遇難成祥。那才可以達到我們理想和平幸福的目的。這是我們今天開紀念大會的一點意義了。

本苑佛誕紀念日諦聞法師演詞

距今佛歷二千九百六十餘年前的今日。我們的教主釋迦牟尼佛陀。降生在印度的迦毗羅國。剎帝利種家。薄伽梵處處經中說。他本來早已證了不生不滅的果位。獲了清淨自在的妙樂。此番為什麼又降生到這人間來呢。據法華經上說。諸佛世尊為一大事因緣故出現於世。所謂一大事因緣者。就是為衆生開示悟入佛之知見。

本來佛之知見。是一切衆生人人之所同具的。祇因無始刼來。被三細六粗。重重障蔽。失却了他的妙用。以致深陷在生死坑裡。不克自拔。譬如一面大鏡。被塵垢汚泥。層層蒙覆。喪去他的光明。不能鑑物一樣。這是多麼可憐。多麼可惜的事咧。

我們的教主。釋迦牟尼。看見這般的情況。生起無緣的大慈。運起同體的大悲。以無生之身。示現降生。普爲羣生開示悟入佛之知見。令其同登華藏玄門。共入毗盧性海。過去的諸佛降生如是。現在諸佛的降生亦如是。未來諸佛的降生亦莫不如是。所謂諸佛世尊爲一大事因緣故出現於世者。就是這個意思。

假使諸佛世尊不降生以教化衆生。那衆生之於佛之知見。雖欲悟入。無從而悟入。佛之知見之於衆生。雖欲開示。無從而開示。故佛陀的降生。純爲衆生開示悟入佛之知見而降生。降生既爲衆生開示悟入佛之知見而降生。出家亦爲衆生開示悟入佛之知見而出家。修行亦爲衆生開示悟入佛之知見而修行。成道亦爲衆生開示悟入佛之知見而成道。說法亦爲衆生開示悟入佛之知見而說法。涅槃亦爲衆生開示悟入佛之知見而涅槃。降生出家修行乃至涅槃等種種。無非爲衆生開示悟入佛之知見而已。由此可以知道佛陀降生與衆生之密切關係。同時亦可以知道我們今日所以紀念佛陀誕日的意義了。

佛之知見究竟是什麽。即是靈明洞澈。湛寂常恆的眞如妙性。又名叫做大智慧光明。這個妙性。在有情數曰佛性。在無情數曰法性。上則爲日星。下則爲河嶽。天地之所以著。日月之所以明。江河之所以流。人物之所以繁。都是這個妙性的全體大用。所以悟入了這個。對於宇宙的事事物物。萬象森羅。無不透澈明瞭。迷了這個。對於諸法的若因若果。若性若相。盲然不曉。即或明白一點。也無非顛到錯謬。不能正知正見。

換句話講。就是覺悟了諸行無常。諸法無我。有漏皆苦。涅槃寂靜的道理。即名諸佛。迷惑了諸行無常。諸法無我。有漏皆苦。涅槃寂靜的道理。即名衆生。衆生與佛的差別。在此迷悟的幾微。

可是講到眞如妙性。衆生無所欠缺。佛亦無所增加。所謂是法平等。無有高下。不過一是先知先覺。一是後知後覺而已。所以我們所說的佛陀。與外教所說的上帝。絕對不同。外教所說的上帝。是全知全能的。創造萬有的。操縱威權的。主宰禍福的。同時只有上帝可以爲上帝的資格。其他的絕不能到上帝的程度。這種不平等的論調。在我們佛教的聖經裡是尋覓不着。我們聖經裡說。佛乃已成之佛。衆生乃未成之佛。無論何界衆生。只要能够依佛之法。修佛之行。由自覺以還本覺。都有成佛的資格。都有成佛的可能。

但是我們在這紀念佛陀誕日的時候。第一要認識佛陀是已經證了圓滿菩提。他自覺之後。還以種種言說。種種方便。使我們一切衆生。皆得證其所證的圓滿菩提。佛陀確是一個自覺覺他的偉大人物。我們受他的德化。受他的恩惠。眞是高於須彌。深過巨海。當此恭逢佛陀的誕日。我們應該恭敬禮拜懇切紀念。

第二要認識我們雖然個個具有眞如妙性。都有成佛可能。但是迄今尚未證得。當此紀念佛陀的時候。應該發起自覺的心。生大慚愧。至誠懺悔。割斷世欲。止息惡行。以富貴不能淫。貧賤不能移。威武不能屈的精神。勞其筋骨。苦其心志。精進勇猛。弗弛弗懈的去加功用行。那自可證得圓滿菩提。自可與佛平等。庶不負今日紀念佛誕的意義了。

本院暑假諦聞法師訓辭

赤帝肆虐。火傘高張。教室裡的寒暑表。已緊漲到九十零度了。在這猛火般的氣候淫威壓迫之下。我們仍想埋頭攻讀。伏案鑽研。實在覺得掙扎不過去了。所以今天本院仿照社會學校的校例。也來施行放暑假了。

今天我所要對各位講的。也無非平常講過的老套子。所謂舊話重提而已。並沒有什麼新奇異樣的話獻給各位。但是今日爲本學期最後結束的一日。不妨將本學期內教學和受學兩方面的情形。簡單的說明一下。

一、受學方面。最初開課的時候。受學的學生。僅有二十餘名。後來漸漸地增加到三十幾名。其間或因病魔纏身不能用功而退學的。或因經濟壓迫無力抵抗而退學的。或因特別事故勢不得已而退學的。至於違犯院規不服訓誡而退學的可以說是沒有。由此可以證明各位專心致志的用功。無暇顧及其他的閒事。更可以證明各位資格的高尚程度的淵深。所以學風如此的淳樸。頗得各方之同情與讚譽。這是我自己引以爲很欣慰的一點。同時對各位極表欽佩的地方。

二、教學方面。本學期內教學的教師。除了我一人是有薪職正式在院負責外。其餘的都是外面請來盡義務的。所以受課的鐘點。只得將就教師的餘暇。不能按照準訂的時間。可是盡義務的這幾位教師。都是熱心教育。志切爲人。尤其對各位的期望很大。所以不辭厭倦的諄諄訓迪。殷殷教導。始終沒有曠過什麼課。同時他們對各位所講所受的。都是契理契機澈骨澈髓的金箴玉言。各位如果能够一一領會。那終身取之無盡用之不竭了。

最後又聽講圓瑛老法師的金剛經。這也是本學期內一種殊勝的因緣。若非各位的宿根深厚。决不能得此良好的機會。總之本學期的辦法完善與否。成績的優越與否。姑置不論。在現行的僧教育制。尤其本院所處的環境。能够獲此美滿的結果。可以說是難能可貴。而我主持教務的人。也敢說自問無愧於心了。

這學期就算這樣度過了。下學期又不知如何辦法。各位有的是到別處去轉學的。有的是到各處去參方的。有的是回家去當家的。各有各的差別因緣。各有各的志願不同。但是我希望各位。無論去轉學也好。去參方也好。去當家也好。總之在這青年時代。好好的去努力一番。現在我們的佛教。譬如一塊荒地。正待着我們去開發。無論做什麼事。先要有一種目標。如同划船一樣。把着船舵。才不致在水上無向的亂駛。我們求學的人。要想求學業的成就。必須持之以恆。守之以堅。再貫之以勤以勇。所謂富貴不能淫。貧賤不能移。威武不能屈的精神。學業才可以成效。假使見異思遷。多翻花樣。那便是等於變戲法。結果學業的功效。愈形暗晦而已。所以我們從事學業的人。應該把自己的思想意志統一起來。集中在求學的目標上。處處以求學爲中心的準則。不好高。不騖遠。不圖虛榮。不求徼倖。切切實實地苦幹梗幹。然後學業才可有成。而這阽危的佛教才可得救。今天我所說的這話。請各位深思而熟慮之。

論叢

觀世音菩薩誕日感言

炳如

光陰過得太快了。一眨眼間。又到了二月十九日了。這天是觀世音菩薩聖誕的日子。我們學校裡。因此。也停了一日課。在晨八小時。很鄭重的開了個紀念會。主講法師的意思。是表示慶祝的。

觀世音菩薩。不就是在過去世中。證過正法明如來的嗎。爲什麼要仍現著菩薩身。到這娑婆世界來。助佛宣化。普度羣迷。吃這苦頭的呢。豈是他不會享那清淨自在的佛果的福嗎。要曉得。他並不是不自惜。要吃苦。也不是不會享福。因爲。他老的心腸。大慈大悲之故。看見我們大地衆生。實在苦不過了。忍不住。就放棄了他的佛位。

將身一跳。直跳到這三界火宅來。救度我們水深火熱的衆生。叫我們去成賢。成聖。成佛。這種恩人。我們可以忘掉而不感激嗎。

老實不客氣。對於觀世音菩薩。我是第一個信人。他老的名號。我持誦了好幾個年頭了。不單朝於斯。夕於斯。顚沛必於是。造次必於是。且於悲歡離合。和惡夢。疾雷。暴風。以及驚荒失措的時間。也往往在持念他咧。他呢。也眞的有求必應。要末我不念。念了的話。惡境眞爲化爲善境。常常逢凶化吉。遇難成祥的事兒。我也過了好幾次了。多是靈驗非常。因此。我就逢人便勸。或病的。或知己的。或遇難的。只要有機會。不怕厭煩的我。多要去勸着念觀世音菩薩的。這是我親信感激的唯一表現。

觀世音菩薩。這五個字兒。上至都市士女。下及山野村夫。差不多沒個不知的。可說個個心裡多有這個觀念的。但是。不過各個人有各個人的見地不同罷了。有稱觀世音菩薩的。有稱觀世音老爺的。乃至有稱觀世音娘娘的。這是什麼緣故呢。人們多不知道菩薩隨類化身的道理。於是胡說亂道。以訛傳訛。這我以爲未免太沒知識了吧。須知。菩薩的行道。不管什麼身。如貴。如賤。如男。如女。如非人等。多要現的。只要有緣得度。多要去度的。所以有些人。見有貴的來度他的。就以爲菩薩是貴的了。見有賤的來度他的。就以爲菩薩是賤的了。乃至如男。如女。如非人等。也是這樣。他們的見地是這樣。豈可以武斷的去怪他呢。總之。稱他菩薩。老爺。娘娘。多不對的啦。頂瓜瓜他是位過去世中。已成正果的正法明如來咧。

我想。菩薩的道力。也是不可思議的。他所樹立的道場。如普陀山。南普陀。杭州三天竺等地方。且不講。就拿七塔寺。這個樣子說來。已是很可動聽的了。我在大殿上稱禮菩薩繞佛的當兒。突的一念。感到我七塔寺。若大的地方。所有恆產。也很了了。日常僧俗。約近千數。殿宇的修理。人口的食糧。統計起來。開支的浩大。當無用我曉舌。也自可想而知了。其實。這筆款子。天又不下。地又不生。究竟從那兒去籌畫呢。豈人力所能爲的嗎。照這看來。菩薩的道力。眞是不可思議。不可思議。

話到這裡。篇幅有限。我情無竆。不如揀句切實的要言出來。勸勸大家吧。近幾十年來。世風日下。人心多危。殺人利器。越造越凶。對戰方略。越出越奇。見了悽切。聞了寒心。而我國又連年災荒。刀兵繼接。野有饑色。途有餓莩。遠且國勢累卵。上下股慄。挽救大綱。不知所出。我等在這愁雲慘霧裏。想什麼方法來。救我的國家。生我的同胞呀。我老實說。造飛機。制大炮。建兵艦。練民兵。多不是究竟辦法。不過暫時借他來。捍衛而已。根本辦法。還是要挽回世風。糾正人心。而挽回糾正的唯一妙法。也只有去勸導舉國上下。一致起來。一心持誦觀世音菩薩的名號。去實行大慈大悲的主義。減殺生靈。這樣才可以收釜底抽薪的功效。同時。也就我今天臨這菩薩誕日的一點感言。

觀世音這三個字義的解法。就是觀察世界上一切求救的音聲。而往救度的意思。在這裡。這二句最確當不過的話。讓我介紹出來。大家看了。就可不難知道了。那二句呢。就是尋聲救苦觀世音。隨緣赴感靡不週的就是。

觀世音菩薩誕日感言

禪通

今天是什麼日子。諸位要曉得。今天就是紀念大慈大悲救苦救難觀世音菩薩底誕日。也是我們腦海裡日常所懷念的一個二月十九日。無形中已走到我們的面前來了。它沒有來的時候。還可以迷糊一下。這時再也不能迷糊了。不能不振着精神挺着胸部發表一點敬意。

我想。今天這一日。不但我們報恩佛學院這個小團體舉行典禮紀念觀音菩薩誕日的表示。就是全國各省。各縣。各鄉鎮裡的善男信女也都在那裡舉行極濃盛的致敬儀式哩。他們好像接到無線電般的。紛紛響應。忙得烈烈轟轟的。究竟。它知道所忙的底細嗎。恐怕都是知其然。而不知其所以然吧。咦。這又中了迷信的遺傳毒哪。唉。可憐。這些如盲人般的人們。在這昏暗的旅程上亂奔多麼危險啦。

嘿。諸位同胞們。你要知道。今天這一天。就是爲我們創造幸福的一位偉大者觀世音菩薩底誕日。它是感覺了衆生的苦味。而生大慈大悲的慈念。放出它底寶貴的航艦。普度那汪洋苦海裡沉溺的衆生上覺岸。享受高尚自在的快樂。這是它到人間來所做的不可思議的功德。

唉。我們生在這末法的時代。都是業障深重。善根淺薄。早就該滅亡的。假如不是觀音菩薩施大仁慈。轉大法輪。放出它底寶光來。照耀我們。把我們這快要死亡的病漢救起的話。那末。我們那裡能够享受到今天這一日呢。它不知費了多少心血。用了多少法子。才能把我們這弱小的生命由惡魔手裡奪回。放在它底慈愛的懷裡。臥着。晝夜的照料。恐怕生長不大。總之。就是希望把我們這出世未久的嬰孩。牧養成人。能够繼續它底精神。爲整個的世界放大光明呵。

親愛的同胞們。擔起我們底職責來吧。永遠地紀念着觀音菩薩底誕日。努力的爲它去拯救那弱小的同胞。把徬徨在荒野的徘徊在歧途的躑躅在孤島的這些無量數的同胞。使他個個都走向光明的大道。我們應當從悲觀轉到樂觀。從消極轉到積極。從出世轉到入世。打破那頑固執迷的觀念。變而爲冒險前進的銳氣。鍛鍊那萎靡不振的行爲。變而爲奮發有爲的精神。這裡。我們團結起來。從容不迫地討論今後如何發展它底光明。如何去發揚它底主義的方針。我們應該一致的發起精進勇猛的心來。向着那渺茫的前途努力。恢復固有的光榮。這就是我們唯一的職責呵。

親愛的同胞們。醒來吧。—醒來吧。—醒來努力我們的工作。努力宣揚觀音菩薩底大慈大悲救世救人的歷史。普遍地深刻地灌入到社會裡一班人們的識海中去吧。

親愛的同胞們。醒來吧。—醒來吧。—醒來模仿美國林肯犧牲的精神。哥倫布冒險的志向。拿破倫席捲全歐的勇氣。一直向前幹。努力向前進。不畏艱難困苦。不怕危險阻碍。抱着百折不撓的精神。撐着我們底令旗。率着我們底同胞。努力向前衝鋒。踏進我們底目的地。果能照這樣的幹下去。不但觀音菩薩可以現出歡喜的容顏。就是我們的國家也可以漸臻興盛之域。這是何等地光榮。何等地美滿。何等地偉大哩。

今後七塔寺之展望

禪定

七塔報恩禪寺。爲唐代開山之古刹。至清末已頹敗不堪。光緒初。有慈運慧祖大師。來住斯寺。重興殿宇。開單接衆。遂巍然與天童育王。並駕齊驅矣。加以法門鼎盛。龍象倍出。傳宗說教。闡化十方。而七塔之名。亦得以遠播寰區焉。惟是適應環境。專應佛事。釋子無重修之機。教門有流下之歎。從前所有住持。屢欲提倡宗風。而機緣不湊。未見成功。自今方丈溥老法師。於去歲接任住持以來。獨秉特識。力排衆難

○去冬開期傳戒○今秋實行坐香○而十七年手創之學院○又擬擴充○更復訂法規○立宗譜○淸寺產○編寺誌○而叢林規模○燦然大備○此固溥老之苦心○亦一近今萬不可少之舉也○邇者佛法垂秋○教案紛來○如斯整頓○固足以暫維目下○苟繼起無人○終難自保○尙望法門諸公○各發堅決之心○一本斯旨○盡力維護○俾七塔祖庭○永興勿墜○且報恩學院○爲造就人材之所○宏揚佛法○端賴乎是○尤望大事擴充○多產智能○則佛敎前途○庶有振興之日○而七塔門庭○亦與有榮施焉○

現在僧伽之生活是否有改善之必要

照空

談起生活問題○可分爲二種○一種是精神生活○一種是物質生活○精神生活○是有意義○有價値的○是人生的眞諦和樂趣○這種生活○並不是一般庸夫俗子所能領略的○也不是隱士哲人和自稱智識的人們○所能享受的○但他們自以爲得着精神生活的安慰○實際他們所享受的○是有限的○無常的○是作惡造苦的因○眞正能享受這種究竟圓滿的精神生活○—修學佛法—便是唯一高尙的僧伽了○所以僧伽的精神生活○可說是

超過世界一切人們的美滿生活。物質生活。是人生度日的必需品。一般人們畢生處世的要求。也就是爲的物質生活的美滿。可是僧伽對於物質生活。是力求簡單、樸素、粗陋、淡泊。所謂「知足少欲。忍苦耐勞。」若稍貪求過分。便爲戒律所不許。佛遺教經上說。「持淨戒者。不得販賣貿易。安置田宅。畜養人民奴婢畜生。一切種植。及諸財寶。皆當遠離。如避火坑。不得……………於四供養。知量知足。趣得供事。不應畜積。照這段經文來講。就可推想而知了。所以從前印度僧伽的生活條件。是異常簡便。在穿的方面。是三衣蔽體。食的方面。是一鉢隨身。住的方面。是塚間樹下。還有十二頭陀苦行的生活。更是難受不堪。僅是隨緣度日。了此殘生便了。佛之所以制度僧伽要過簡單生活。是惟恐僧伽因貪求物質生活而妨碍精神生活。—行持—同時。因爲印度氣候溫和。檀越發心供養。生活容易解決。所以才這樣制度。其實我們世間人界的色身凡夫。物質和精神。是並重不可偏廢的。想求精神生活的美滿。非有物質生活享受不可。故此本題的範圍。是專指物質生活而言的。

中國僧伽的生活。與印度僧伽大不相同。這當然是因爲氣候和風俗的關係。中國僧伽有許多寺院住。也有檀越供養衣食。繼而又有施捨產業和資粮。給僧伽自耕自食。安心辦道。後來。僧伽逐漸增加。施者難以供養。於是就開個方便法門。替人念經拜懺。以求生活的助資。直到現在。還是依靠檀越施捨。自耕田地。念經拜懺。這三種來源過生活。可是在不久的將來。這三種生活來源。一定會失望。是什麽道理呢。我不妨將他的原因。一一說明於下。

一、現在中國連年以來。內受匪患。農村破產。外遭侵略。市面蕭條。各方面的生產力。一天薄弱一天。所損失的。一天重大一天。而人民對於生活的奢侈和慾望。日益增高。所以就感到經濟恐慌。生活艱難。在這全國民衆自顧不暇的狀况之下。還有人來爲消災延壽超度亡魂做渺茫不測的經懺嗎。二、我們僧伽大多數。飽食終日。無所事事。墮落不堪。什麽修行辦道。弘法利生的眞正佛事。能有幾個幹到呢。難怪被社會上人呼爲寄生蟲。消耗者。……這類壞名。雖不十分恰當。覺得有點過分。但又不是他們故意加給我們的罪名。也有幾分實事。這確是平心的話。還有那打倒宗教。廢除迷信的聲浪。高唱入雲。佛教向被社會誤認在宗教迷信之列。當然大受影響。有這些惡名被社會誹謗。不但不信三寶者。退避三舍。就是信仰三寶的人。也就畏縮不前。再叫他拿資財來供養僧伽。眞是等於妄想呀。三、現在不但受不到社會供養。並且從前國家和護法捐助的不動產。都被他們所覬覦。寺屋被學校、軍隊、工廠、商場一類的機關。霸佔不少。尤其是寺產興學的風潮。常時發作。屢次慌得佛教的四衆。開會哪。請願哪。拿全副的勢力來對付。才得告止。他們雖經過幾次失敗。暫時停止。但是他們野心並沒停止。一切計劃。都在暗裡進行。一旦爆發。勢難挽轉。若不設法根本解決。終有實現寺產興學的一天。達到他的「人其人而火其書。沒其產而廬其居」的目的地。那時我們眞是悔之晚矣啊。

上面這三種生活來源。是僧伽從來認爲泰山之靠的。現在也就漸漸動搖起來。成了要倒坍的房子了。那麽。既然這般危險。我們僧伽還能苟且支持。得過且過。不求改善嗎。我敢大胆的代表大衆僧伽講一句。當然有急切謀求改善的必要。」至於改善。談何容易。我們中國漢族。不能像西藏。政教統一的制度。僧伽操有大權。又不能學日本。僧伽在社會服務。隨各人才能謀生。更不能效暹邏、錫蘭等處。國家的保護和優待。受人民的志誠供養。我們祗能够在僧伽本身能力上設法。最近幾年。中國佛教會。歷屆開全國大會。據說也有幾位先覺者。提議過農禪工禪。興辦實業。半工半修這類的工作。因爲各執其見。不求合作。兼其他種種原因。未曾實現成功。要知道僧伽性情不一。强弱不同。老少不等。智愚各別。若執創辦一種事業。不能普及。僅稍能得一點帮助。仍無濟於整個教體的大事。和僧團的生命。據我的管見。改善生活。非從改良僧制下手不可。要整理有統系有組織的團體。隨各僧伽的才幹。指導他。分派他。隨力隨分做一種工作。約分如下四種。

一、提高僧伽人格。努力弘化。所謂「利生爲事業。弘法是家務。」把佛法灌輸到人們腦海中。令社會民衆明瞭佛法的眞義。得着佛法的利益。再不誤會佛法是迷信空談。僧伽是消極厭世。由譏謗、譏諷、打倒、廢除的聲中。轉到信仰、皈依、維持、擁護的趨勢。這種工作。完全依靠有學問道德的僧伽擔任。一面培植靑年僧伽修學。以備繼續弘化的人才。是不可忽略的。這話從表面講來。好像說是消耗經濟。使生活困難。其實。這確是生活上的根本辦法。二、一般老弱僧伽。可以專門眞實修持。或參禪。或念佛。或看經。或禮拜。總以契機爲宜。仗着修持的功德力量。也可感應龍天。動信社會。能得一般人士的供養。所謂「三分修行。七分感應。」可說是自食其力。無賴於他人的供給哪。三、必須將各寺院的十方產業。總歸僧團所有。公力保管。以抵抗野心家的非法侵佔。把一部份能有耕種力量的僧伽。令其一面修持。一面耕種田園。不像鄉村農夫的專門耕種。以防其染成世俗的強暴惡習。才符農禪的宗旨。四、其餘的僧伽。半工半修。創辦實業。以刻塑佛像。印刷經典。製造法器。莊修古物。……爲主。再附設其他日常用品。總而言之。以弘法所須。僧伽所用的爲限止。雖不想做那坐賈行商。出售他人的交易。也不向外求購。耗費那有限量的資財。若製造種類不够應用。另想變通辦法。交換貨物。互相補缺。在這國家振興實業。提倡國貨的當兒。僧伽能够做這生產事業。也是國家一種帮助哩。

好。好。够了。够了。祇要能够達到上來的幾項辦法的目的。就是僧伽的萬幸了。可以擺脫坐食懶做的罵名。可以解決無衣少食的痛苦。又可以使三寶永久住世。無須做經懺租募化。那一切邪命食。更不是僧伽安身立命的宗旨啦。不過這還是挽轉危機的初步工作。到後來教產鞏固。僧伽良善。國家清泰。年豐歲稔。也可以隨時代的輪流改變。以謀進化。在可能的範圍內。取消農作和實業。完全從事弘化和修持的工作。以度衆生爲職責。這是我個人對於改善生活的一點理想中的微意。以盡我責任起見。進獻於全體同袍之前。未知我全體同袍以爲怎樣。我想。除開擁有巨資祇圖肥己和終日醉夢痲木不仁的少數僧伽。其餘稍微高明的同袍們。也許有想改善生活的必要吧。並且我們改善生活。不圖爲僧伽活命計。是爲住持佛教接引後進。是爲社會國家謀利益。是爲全世界人類求幸福。我們負有這個職責。不得不有這個要求。同袍們。起來吧。起來團結作有生產的工作。以謀新生活。適合現代潮流。建立現代佛教吧。

福慧宜雙修說

照空

我佛爲一大事因緣。應化在娑婆世界。說法四十九年。談經三百餘會。在他滅度之後。經過幾次結集。才得把佛陀一代的聖教。成爲三藏十二部經典。推其談經說法。和結集三藏的原因。無非要我們大地衆生依教修行。但是修行的法門也狠多哪。廣而言之。有八萬四千。再狹點講。有萬種行門。這萬行包括起來。又不出佈施、持戒、忍辱。精進、禪定、智慧等六度。六度歸納起來。不外福慧二種。前五度是福。後一度是慧。有的說。佈施、持戒、忍辱是福。智慧屬慧。精進禪定徧於福慧二種。這樣說法。較爲圓滿。那麽我們根據上面講來。福的由來有三種。一、佈施。救濟有情的貧窮。二、持戒。嚴淨三業的行爲。三、忍辱。不計衆生的惱害。這三種是能招感福德的條件。慧字在梵語名般若。也有三種。一、文字般若。從名句文身爲方便的入門。二、觀照般若。能了解萬法的幻化眞空。三、實相般若。是所覺悟法界的究竟實理。這三種是能薰習智慧的程序。發精進心和修習禪定。是補助福慧兩種的增上緣。所以常行六度。福慧就能圓滿。也就可以得到波羅密多哩。修福慧的要素。已如上說。再把福慧的效果。詳細比較一下。

先來談福。福是先從積極利人的因。而後感得利己的果。是世間有漏生死的果報。丈着福德的力量。昇到三善道裡去。做天主人王。極高權位。很大勢力。給色身豐富的受用。滿意的快樂。可是。一旦福報享盡。仍舊墮落三惡道裡受苦。享福受罪。循環不已。總在六道裡面輪迴。不得超出三界的範圍。這是重事輕理。盲修瞎煉。專修福德。沒有智慧的弊害哪。再來談慧。慧是先從消極利己的因。而後能得個人解脫的果。是出世無漏涅槃的資糧。對於諸法實相。能簡別決擇。斷疑生信。不起人我二見。遠離貪瞋癡愛等煩惱。斷盡見思二惑。悟四諦理。得慧解脫。證小乘的偏空涅槃。祇圖自了。不能顧及羣衆的福利。令他生長福德。是斷絕佛法的焦芽敗種。然而能了脫生死。智慧勝過福德。這是執理廢事。廣學博聞。專修智慧。不培福德的缺點哪。佛經上有一首偈子警誡我們道。「修福不修慧。白象掛纓絡。修慧不修福。羅漢應供薄。」又有幾句義同詞異的偈語說。「修福得富貴。修慧得聰明。修慧不修福。聰明而窮困。修福不修慧。富貴而愚癡。這樣看來。專修福德。不修智慧。便是痴福。專修智慧。不修福德。便是空慧。那麼。福慧雙修的重要。就可推想而知了。

若能够福慧雙修。這叫做行解相應。事理互助。就能福慧圓融。都成無漏的種子。福可以做出世利己的方便。慧也可以做入世利人的工具。入世出世。利己利人。生死涅槃。此界他界。都能够隨願所成。自在無礙。絲毫不受拘束的。到這個地步。福就好似一座無窮寶庫。蘊藏着許多珠寶。把他打開來。生生世世。受用不盡。在自利方面。可以受世間供養。四緣不缺。十方敬仰。以資養色身。在利人方面。能修做世間的福田。令大地衆生。廣種福果善根。功德沒有限量。慧就猶如一盞光明的燈。把他燃着。亮亮皇皇。輝煌無比。在自利方面。可以照破無始以來的無明黑闇。斷盡煩惱業障。不墮三途的險道。增長法身慧命。在利人方面。能够照破人天長夜。三途昏暗。喚醒迷夢不覺的衆生。隨機指導他。使他走上光明的大道。由這自利利人的功德。更加使福慧增長。從福慧的資糧做因花。以莊嚴未來的菩提果。才是自他兩利。行菩薩道的眞正佛子。有達到究竟佛位的可能。所以瑜伽師地論云。「一者由宿世修諸福德。而於今生豐饒財寶。遇善知識。離諸障礙。能勤修行。是故預辦福德資糧。二者由宿世修習智慧。而於今生。聰明慧敏。解了法義。是故預辦智慧資糧。可見這兩種資糧。是宜雙修不可偏廢的咧。

反轉來說。福慧都不修。那便是苦海底沉溺。火宅裡熬煎的衆生。終久不得脫離。唉。這種苦境。是多麽痛苦。多麽悽慘。多麽悲傷。多麽可憐啊。咳。眞是不堪言狀啊。

我們從上面的比較看來。不修福慧。當然要不得。就是偏於一種。也是不好的呀。應當福慧雙修。仿效佛陀的兩足尊的模範才對啦。

擬上諸山長老請提倡僧教育書

照空

諸山長老公鑒。竊以佛教興衰。完全依賴是否有人才弘法爲轉移。人才多寡。完全依賴是否有僧教育培養爲定準。可見僧教育與整個佛教存亡問題的關係。影響很大。有僧教育就會造就弘法人才。佛教亦隨着興盛起來。反轉來講。沒有僧教育就缺乏弘法人才。佛教也就自然衰頹下去。古今中外的佛教。都逃不掉這種因果律的天演公例。據此就知道僧教育的功用是如何的重大。豈可缺少的嗎。這是有識者所公認的。尤其是現在中國的佛教。需要僧教育。眞是刻不容緩。比任何時代任何國家都來得急切。何以故呢。因爲現在是文化進步的時代。中國是智識競爭的國家。各省縣都市的教育發達且不談。甚至於窮鄉僻野的地方。都學校林立。無論是政治軍事農業工藝商實宗教婦女兒童瘖啞盲聾都有專門教育。總而言之。凡屬國民都要受教育訓練。所以社會上各界人們的智識程度。不斷的勃湧着向前進展。大有一日千里之勢。惟我僧界獨落人後。試看我們僧伽。不下數十萬之多。其中不過少數智識份子而已。由來號稱負有化導社會人羣職責的僧伽。可是現在就大不然。一變固有的高尚資格。倒轉來降在社會各界之下。豈非怪事。更奇特驚人的。有很多很多不識之無的僧伽。根本就不知道僧教育是怎樣一回事。還談得上弘揚佛法教化衆生嗎。唉無怪佛教被人詆謗。僧伽被人詈罵。寺廟被人强佔。教產被人覬覦。已經是日落千丈。衰敗不堪。究竟是誰之過呢。經云獅子身中蟲。還食獅子肉。俗話也說得有。夫人必自侮。然後人侮之。這就是我們很好的評論是避免不了推託不掉的實事。

然而萬事循環。物極必反。於是有少數大德們。不忍坐視佛教歸於滅亡。就起來努力提倡僧教育。由此看來。不能不說僧教育是應時勢需要。和環境逼迫而產生的。祇可惜用盡了熱心大德們的心機。費盡了熱心大德們的力量。還不能把僧教育擴充推廣起來。成爲大衆普偏化。在辦僧教育機關方面。有許多寺院。因爲經濟缺乏。和人才希少的關係。或者專爲撑持門面。和藉口化緣的動機。大都掛起一塊有名無實的假招牌。馬馬虎虎設立一所殘缺或狹少的學院。課程隨便應赴。學額容納無多。對於僧教育雖有小補。亦屬平常。更有一般多數叢林。視僧教育如麻醉品。極力反對。若想他來辦僧教育。無異於登天之難。還有些獅蟲害馬們。用暗手段破壞。作反宣傳刁唆。來搗亂僧教育。這種情形。眞够令人痛恨啊。在受僧教育方面。僅能使少數有志願的靑年僧伽自動來修學。奉師長上人命令來修學的。那更少了。其中因環境惡劣。意志薄弱。以致中途退學的。也時常有所見聞。其餘很多很多的。因過去的舊習。仍然不聞不問。似乎僧教育。與他毫無干涉。也有的還想修學。却被環境所不許。沒法走上這條大道。墮落歧途黑暗中。像這樣凋零萎謝衰落頹唐現象之下底僧教育。長此因循下去。雖不消滅。也萬難發達起來。那還妄想到普及全體同袍與社會各界並駕齊驅呢。一定是不能的哪。

從上面幾點看來。少數大德們。提倡僧教育。是很困難的。而且無濟於全體大局。惟有請我住持佛教。紹隆祖位的諸山長老們。一致起來。提倡僧教育。那便易如反掌。

馬上成功。在寺院劃出一部份作校舍。分取幾分教產做學費。採編重要經典當課程。聚合居士護法爲院護。聘請大德法師爲教員。招集青年僧伽來修學。以佛陀宣演的戒定慧三學爲根本教育。以祖師遺傳的大小各宗爲專門教育。一則造就有學問道德的人才。弘揚佛法。挽轉衰敗墮落的佛教。二則補助國家教育普及。以盡義務。實現大乘救世之精神。三則免除寺產興學的暴動。息彼貪念。符合法律私產的主權。一舉三得。何樂而不爲呢。如此才能表現圓滿徹底。積極救世。大雄大力大無畏精神的無上佛法底眞相。超過宗教科學哲學的特點。同時恢復中國佛法昌明時代固有的光榮。駕乎各國之上。那麽長老們的應盡的責任已盡。應達的目的已達。連那常寂光中的諸佛菩薩。也要開顏微笑。連聲讚曰。善哉善哉。功德無量。這是多麽地難得呀。

若果不然的話。泥執成見。抱着各人自掃門前雪底態度。得過且過。勉强維持。恐怕要踏上廣東河南的險道兒。攘成侵毀寺院。驅逐僧尼的事兒。那時波翻瀾湧。萬牛莫挽。追悔何及。這並非處在學僧位置偏重教育。大言恐嚇。也不是有什麽革命思想。特倡新奇。實是眼看佛教衰敗不堪。定招天然淘汰。凡屬眞正佛徒。莫不爲之俯首三歎。我以爲徒歎無益。應當個個振奮精神。模仿天下興亡。匹夫有責的二句古訓來護教。脚踏實地的幹去。認定提倡僧教育。便是振興佛教唯一底根本辦法。和拔救僧伽無二底徑捷方針。其他一切次之。所以毫不自諒的。不顧鄙陋。草擬這篇請願詞。擅敢奉獻諸山長老座前。請求汲汲提倡僧教育。不過這裡所講的僧教育。不是從前講公案典章。和昇座說法的儀式教育。和那教外別傳。不立文字的頓超教育。及其他一切談玄說妙。不重實際的虛浮教育。這類教育。是不適用於科學時代。而且又不能普被三根。在聽教者常感覺法不投機。對牛彈琴之苦。在施教者不免有不識時務。顚倒錯亂之誚。決定難獲效果的。有人說佛法是不受時間空間所支配的。爲甚要抹煞過去。重來提倡新的僧教育呢。我的答案是這樣的。佛法本體。固然是不受時間空間支配的。但是佛法妙用。是隨順時代地方所轉變的。所謂隨緣不變。不變隨緣。同樣的圓融無礙道理。佛法之所以稱爲佛法。能够超過世法的。就在這點。故此現在所提倡的僧教育。仍是過去二千餘年世尊所說的僧教育爲體。加以二十世紀新式科學方法爲用。直捷的說。就是變用不變體。換湯不換藥。就是了。這是關於闢斥疑惑提倡僧教育的幾句話。

末了我以十二分志誠懇切心。希望諸山長老。一致讚同。不約而同的各在貴山辦起僧教育來。更進一步作提倡僧教育的同情宣傳。互相勸勉。糾正反對辦僧教育的錯謬觀念。凡屬寺院未辦者令速辦。已辦者令擴充。當辦者令其成就。想我諸山長老們。爲佛法起見。爲衆生起見。決不以人微不足動信。言輕不足動聽而忽略吧。則佛法幸甚。衆生幸甚。

最後一句。請長老們。平心靜氣地三復斯言吧。

擬請諸山長老提倡僧教育書

開悟

道高德隆的諸山長老們。我們回憶去年七省教育廳。聯盟提取寺產。興辦教育的風潮。於今過去差不多已有一年了。可是諸山長老們。想起這種事實。恐怕還在喘著氣吧。那個時期。不但我們青年的學僧。即稍稍有點信仰佛教的人。無不磨拳擦掌。想來協助諸山長老。共同抵禦。一洩胸中抑鬱不平之氣。但是心有餘而力不足。結果成了夢幻泡影。所幸諸山長老們。整齊步伐。不屈不撓。費了九牛二虎之力。好像修無想定的人。將前六識分別心所。以定力暫時把他定住了。但這不過如同石頭壓青草一樣。究竟不是根本辦法。石頭不搬開則已。將來只要石頭一搬開。那石頭壓下的青草。依然要生出來的。他們那提取寺產興辦教育的事。又何嘗不是這樣呢。所以我們想請諸山長老們。想一種一勞永逸的辦法。把石頭壓下的青草。連根株把他一齊斬斷。使他不再發生。這個小小的請求。諸山長老們。一定會歡喜接受的吧。我們要知道。現在他們聯盟提取廟產的這種毒潮。不過是一種蹂躪佛教的先聲。他的潛在勢力尚多着咧。所謂人其人。火其書。廬其居的手段。還在未來。我們如果再不先發制人。那將來只有束手待斃的一途了。所以請諸山長老們。拔精進鎧。着無畏衣。與那些別具肺肝的惡魔。即速決一雌雄。就是不幸而敗了。也是光榮的。這是我們天天所翹望着諸山長老們的。不知諸山長老們以爲如何。

當今之世。惡魔日增。外道日衆。我們爲發揚佛教於世界計。爲救拔衆生於苦海計。應該鼓着勇氣。一往直前。降伏那些惡魔。無使滋蔓。蔓難圖也。昔我世尊。常往忉利天去說法。路過須彌山頂。有毒龍發瞋。欲害佛意。後被目連尊者降伏。可見惡魔是要降伏。這是世尊給我們一個很好的教訓。

復次我們要知道。世尊爲一大事因緣故出現於世。所以說法四十九年。談經三百餘會。一切教法。無不爲教育一切衆生而施設。故梵綱經云。吾今來此世界八千返。足證世尊數數度生。未曾休息。是故吾儕爲佛子者。上不能辜負世尊應世之婆心。下不可坐視衆生之痛苦。應該將宏法利生的責任。趕緊担當起來。提倡僧教育。造就僧人才。這是實在不可容緩的事。數年以來。提倡僧教育的固不乏人。但以學科之無系統。教師之太不合格。所以質的方面。不能收多大的效果。

量的方面。更不行了。全國僧教育最興盛的時候。約有百數十所。現在無聲無息的。幾乎停辦要完了。如普陀山辦的南海佛學苑。二十年起手舉辦。二十一年就宣布解散。解散的原因。是因爲經費不足。情尚有可原。最令人痛心的。即是普陀私立化雨小學。創辦自清末年間。至今已有三十餘年的歷史。因南海佛學苑的停辦。隨着也就把他送終埋葬了。眞實令人百思不解。如果是托辭年來香期不好。經費難籌的話。我要說出幾種疑問來。光復的時期。香會難道比現在好嗎。民十三年齊盧交惡的時候。淞江平湖嘉興一帶。本是普陀各寺院僧衆食糧所賴的地方已經被兩軍蹂躪得山窮水盡。何以化雨小學不停辦於當時。而停辦於今日呢。復次十五年北伐時期。難道香會也比現在好嗎。再說九一八一二八的時候。國難再嚴重沒有了。化雨小學何以不停辦於當時。而獨停辦於今日呢。我想這或者是有一種差別的因緣吧。

我曾經在普陀小學讀過書。所以感覺到僧教育的日漸衰微。只須向前進。不宜向後退。對於化雨小學的停辦。不禁爲僧教育的前途悲。所以順便的寫幾了句。獻給諸山長老們。並非我有意攻擊。這是要請求諸山長老們原諒的一點。

現在全國辦着的僧教育。大約還有十幾處。平均每院有學僧四十名。共計也不過三四百人。號稱數十萬的僧伽。除去少數年高有德。清修苦行。與宏法利生的大德。尙有幾百靑年學僧。住居學院。少有知識外。餘皆住居叢林與小廟。完全都是沒有知識的文盲。這種僧教育的衰敗。究竟到了什麽程度。因此僧教育的亟宜提倡。不待智者而後知了。

佛教的自身。本是教育。而僧侶失學者。又如此之多。豈不是笑天下之大話嗎。還談什麽佛法大衆化。佛法現實化呢。

前幾天行政院召集地方高級行政人員會議開幕時。蔣院長的訓詞裡。說到教育問題。主張先求質的改進。再求量的增加。這可以爲現代僧教育的一個很好的借鏡。懇請諸山長老們。一致團結起來。齊向提倡僧教育造就僧人才的大道上走去。庶幾千百年的佛教。不致斷送於我們的手上。這是我們的一點唯一請求。請諸山長老們接受着吧。

擬請諸山長老提倡僧教育書

自觀

諸山長老大德公鑒。佛教之在我國。有千餘載的歷史。其價值的偉大。無與倫比。受佛教之熏陶成熟者。更不計其數。唐宋之間。高僧輩出。著述充棟。名聞四海。法佈天下。上自國王大臣。下及士子庶民。無不信受奉行。頗極一時之盛。降至今時，衰敗之象。至於極端。堂堂佛教。不但不受社會的崇奉。反被世人的輕視。毀廟逐僧之聲浪。日漸增高。凡我僧伽。莫不痛心疾首。雖然佛教存亡之責任。全在佛徒。有人材則興。無人材則亡。是以懇求諸山長老。羣起提倡僧教育。將一班青年的僧徒。鑄成完善之資材。則我們的佛教。自可日臻興盛。而外人亦不敢妄事摧殘了。在這法弱魔强的時代。如不多多培植僧材。造就法器。又怎樣能復興佛教。抵禦外侮呢。所以提倡僧教育。爲今日不可少之事體。仰請諸山長老。羣起提倡僧教育。招集青年的僧伽。養成宏法的大器。使個個都能化導社會。糾正人心。則佛法可偏行於天下。而天下人的腦海中。都有佛法的印象。那佛教不難恢復唐宋的盛況了。諸山長老們。勿以余言爲河漢罷。

擬請諸山長老提倡僧教育書

智慧

諸山長老慈悲。現在我們的佛教。很衰敗了。爲甚麽衰敗的呢。我略略的説幾種衰敗的緣故吧。第一現在一班青年的僧伽。不肯造就學問。專事閒遊浪蕩。於是社會的人們。看見我們就生瞋恨。甚至毀謗摧殘。這是一種衰敗的緣故。第二現在一班普通的僧伽。出家未久。師父就送他到戒堂裡去乞戒。受了三堂大戒。連功課也不曉得念。就去到處化小緣。趕經懺。有了幾個錢。就胡作亂爲。破戒犯律。以致使人輕慢。這是衰敗的二種緣故。其實這些種種衰敗的原因。還是僧教育太幼稚之故。僧教育的幼稚。全由諸山長老們不肯辦學堂。不肯培植人才。就辦了幾個學堂。因爲組織不完備。待遇不很好。所以沒有多大的成績。復次當學僧的人。沒有幾個得師長的成就。又沒有幾個經濟寬裕。有多少想求學的青年。無力去學。就是勉强去學。不到幾天。受經濟的壓迫。只得中途退學。又去走那條趕經懺化小緣的路子。這是多麼可憐的啊。以後要想振興佛教。使社會的人。信仰我們。尊崇我們。唯有請諸長老們。一致的發起大慈大悲的心。提倡僧教育。使一般僧衆們。個個受着教育。個個造成宏揚佛法的人才。那佛法不難振興起來了。諸山長老們。請速進行罷。

擬上諸山長老請提倡僧教育書

寶峰

諸山長老

你看現代我們中國的青年僧伽。不知有多少是在黑暗之中過着活計的。他們不知道危險。也不知道困苦。只是整天的閉着兩眼昏頭昏腦的亂碰。有時撞傷了。還覺不到痛苦。覺不到損失。唉。他們眞是太可憐了。

反轉來說。他們爲什麼不掙扎起來。爲什麼不知道環境的惡烈呢。這個問題。我可以簡單的回答一句。就是因爲沒有受過僧教育的緣故。一個人沒有受過教育。那什麼都不明白了。任你佛法如何高妙。不曉得去研究。任你潮流如何緊急。他也不曉得去應付。只是糊塗的。穿衣吃飯。過着那寄生的生活。

佛教也就受了莫大的影響。處處受外界的摧殘。如果要想把衰敗的佛教。振興起來的話。那就非要請求你們諸山長老和尙們。發菩提心。同心協力的提倡僧教育。造就僧青年不可。

諸山長老和尙們。認淸現實。放開眼光。把僧教育趕緊提倡起來。那外界的人。不會像現在似的輕視我們了。如果能够接受我的請求。那你們的功德也就無量了。

與友人論佛法書

炳如

逕啓者。弟近日廣披百家諸書。博覽東西各學。無一可以稱意者。不是麤淺。即是枯操。唯有佛法。圓滿究竟。盡善盡美。特有獨到之處。句句皆是覺世明燈。字字悉是牖民寶筏。誦之令人安得不奉爲至寶歎爲希有也。雖然今日之佛法。已如西山之日。勢將欲垂也。其殆爲曲高和寡之故歟。夫佛者覺也。此覺乃眞正之覺。非同世之小知小見。依他作解者。所可相提並論也。佛陀說法四十九年。談經三百餘會。獅音震及大千。三草二木。悉霑法雨。四生九有。同蒙利樂。非吾阿其所好。高唱大言。現有法寶靈文。可以實際明證。唯東之高閣耳。世人不察。信口詬佛法爲消極。或視爲神奇怪誕。良可慨也。殊不知佛法不離世法。世法即是佛法。西人有言。從凡庸中看出神奇。從平常中發現非常者。其佛法之謂歟。又劉宋文帝曰。若使率土。皆感佛化。朕則坐致太平矣。由是以觀。佛法誠爲契理契機。救國救民之阿伽陀藥也。管見如是。質之高明。以爲然乎。餘不多贅

與友人論佛法書

宏宣

萬和居士。遠承惠書。如獲珍寶。垂詢佛法大意。謹就管見。略申論之。佛法二字。是華梵兼稱之語。純用華言。應曰「覺法」。即自覺覺他覺滿之謂也。此覺法爲釋迦牟尼佛陀。親自證得宇宙萬有眞相後。相繼演成三藏十二分教者是。然此覺法。本具足於吾人自心之中。惜因吾人自無始來。妄想執著。未能證得耳。釋迦佛陀。自己證得此覺性後。遂大聲疾呼曰。一切衆生。俱有佛性。俱可成佛。但未能修習故耳。倘能修習。必可獲得圓滿之大覺。佛以此法覺悟衆生。故曰「佛法」。換言之。即是濟人利物。照破人生迷妄之法也。故欲得無上正覺之道者。非研求佛法不可也。

際茲歐化囂張。科學昌明。人心迷於功利物質之說。兢兢以饜貪瞋之欲望。欲之不已。則演爲戰爭之禍。殺人流血。慘不忍言。將救此弊。捨佛法其莫屬。是故憂世之士。莫不紛紛改紘易轍。從事研討。居士既已信仰佛法。務宜用心修習。自知究竟。則將來挽回末俗。舍居士其誰與歸。特此奉復。

與友人論佛法書

心印

某某先生偉鑒。上星期我二人所談之佛法。並沒有談到要緊的地方。今是佛學導論一本。很願先生把這一部書細心的看他幾遍。自會知道佛法的好處了。法華經說。佛以大事因緣故。出現於世。甚麽叫做大事呢。就是我們的生死大事。因爲我們心性。與佛無二無別。不過最初一念無明妄動。就鑽進了生死的圈子。從此就出生入死。頭出頭沒。在生死苦海裡面。隨業流轉。永無出頭的日仔。眞是可憐得很。並且雖在苦海裡面。往往不以爲苦。反以爲樂。所以我佛如來。見這種顚倒的情狀。不能不想法來救度。於是說出無量的法門。叫我們了生脫死。改惡行善。我們若能依釋迦牟尼佛所說的話。去實行。即能了生脫死。本來裟婆世界的教主釋迦牟尼佛。在無量刼前。早已成佛。因爲憐愍我們一切衆生。在生死苦海中。執迷不悟。沒有回頭到岸的機會。因此發了大慈大悲的心。再來娑婆世界教化衆生。現在佛教所有的各種經典。都是釋迦牟尼佛金口所說的。但是千言萬語。說來說去。無非是要我們改惡行善。脫離生死苦海而已。釋迦牟尼佛既爲我們生死大事而出世。我們應該努力研究佛法。依佛法去修行。才能了生脫死。我很希望先生。要發起菩提心來。對於佛法徹底的研究他一番。方才可以知道佛法的好處。不然與佛法分上。與自己分上。都不相干。先生能受我的勸言嗎。

與友人論佛法書

自觀

啓者。弟近來學習佛法之餘。旁及一切學說。然皆不如佛法之圓滿究竟者。因其他一切學說。不是局於一事一物。即是偏於一宗一派。而佛法則思想開放。眼光遠大。世出世法。無不圓通。誠覺悟世間一切有情之妙藥也。佛說一切法。爲治一切病。若無一切病。何有一切法。故佛法之流行世間。全爲有情而施設也。佛法既爲有情而施設。則佛法之於有情。誠有莫大之關係焉。但有不信佛法之人。斥佛法爲消極。譏佛法爲厭世。此眞不明佛法者也。試觀日本以盛行佛敎而國以强。暹羅以信仰佛敎而國以富。而中國以不信佛法。弄得人民痛苦不堪。國勢日益衰敗。佛法之於國家。既如是之重要。則佛法之不可不提倡也明矣。大智度論云。佛法如大海。信爲能入。智爲能度。若人心中有信。是人能入佛法。若無信是人不能入佛法。此佛法之尤重於信也。佛法以慈悲爲宗旨。以自利利他爲目的。以救國救民爲主義。故佛法爲世出世間最偉大之學說也。可不信乎。吾兄能於佛法。深生信樂。細心探討。將來可得極美滿之効果。吾兄其勉之。

與友人論佛法書

宏道

開悟居士道鑒。多年闊別。系念良殷。昨接惠書。若覩親顏。敬啓者。世皆謂佛教爲出世間教。佛法爲出世間法。儒家多言倫理。而佛氏經論少有談及。與世間法。似無若何關係。云云。據此論調。非眞能明佛法者。夫佛法者心法也。心皆有覺。覺即是佛。佛者人人所同具之性覺也。故經云是法平等無有高下。在凡不減。在聖不增。平等平等。故佛法之於人生。大有關係。豈可以出世法目之耶。吾以爲無論聖賢豪傑。庸愚不肖。皆宜學習佛法。尊重佛法。不然則人生究竟之目的。終無由達矣。吾兄其

深察之。敬請法安

與友人論佛法書

禪定

某某法師佛眼。久違教範。甚爲企念。恭維法體綏和。淨緣叶吉。爲無量頌。敬啓者。自前年在大圓寺相別以來。易度光陰。不覺數秋矣。弟去年因家師西歸返廟。今春方始回甬。現住七塔報恩佛學院。對於佛學方面。又無深刻研究。殊覺汗顏。前日接起緣道友來函。知兄在紫金山廣慱社研究教理。聞之不勝雀躍矣。將來宣傳佛化。挽回薄俗。拯救人心。實有賴於吾兄焉。方今緇素高賢。崛起如林。担荷如來大法。續衆生之慧命。不可謂非佛法前途之幸也。夫佛法者心法也。人皆有心。心即是佛。故云佛如衆生如。一如無二如。又曰心佛衆生三無差別。然吾人現在所享受之一切佛法。皆爲二千數百年前之釋迦牟尼佛陀。長久精進。勇猛奮鬥而成之代價也。故吾人研究佛法。弘揚教理。先應知佛法之由來也。且佛法之宗旨。在乎自利利他。故吾人研究佛法者。宜先設究竟之方法。解決人民之痛苦。斯不背佛法之大意也。是否有當。

并祈賜復。

與友人論佛法書

體空

某某吾友青鑒。一笑分襟。似電光陰。月圓數度矣。今乘課餘之暇。與兄一論佛法之眞義。幸垂察焉。夫佛法者。破煩惱之利斧。黑闇之明燈也。衆生迷失本性。致爲五欲塵勢所惑。於是茫茫苦海。出離無期。故我世尊。發大悲心。說無上法。以度衆生。衆生如欲脫離生死之苦。當發慚愧之心。精持妙法。勿令懈失。所有五欲塵勢。皆當遠離。一旦朗然大覺。則本有慧光自然明顯。菩提妙心。自然流露矣。如是則三界之苦不期離而自離。涅槃之樂不期證而自證。然則我等衆生。安可不亟亟以奉持佛法乎。佛法者。所以度生死之法也。亦即所以證涅槃之法也。佛法之妙。誠有不可得而思議者。吾兄切宜細心研究。勿作等閑視之。餘不多叙。此請大安。

炳如

與友人論出家書

慕西先生。自滬握別。倏將經旬。回憶前塵。不覺神馳。弟年來雲遊南北。浪跡東西。餐風飲露之生涯。幾乎無歲無之也。雖無訪道尋師之志。然亦不無探幽覽勝之思。竊出家有年。祇以少植德本。鮮親知識。渾渾噩噩。尙不知出家爲何事也。如爲厭離塵世。擺脫凡情而出家。則吾豈敢。若爲生活問題而投入空門。則於世間三十六行中。行行皆有飯吃。何必獨來剃髮爲僧耶。或曰是不然。佛法門中。一切平等。無論盲聾喑啞。貧富貴賤。但肯發心。皆可出家。不必局於知識份子。可作談經說法之事業者。然後方可出家也。出家乃大丈夫事。非王侯將相所能爲。誰謂出家爲飯食計耶。弟以鑒於國勢之日非。人心之日益不古。故割愛辭親。遂皈依於大覺矣。吾兄其將何以教乎。

與友人論出家書

大智

自從首都分袂以後。不覺幾易寒暑了。我因生活的驅使。東奔西馳。一年到頭沒有一天安閒的日子。所以連隻字也未暇寫給你。無論於情於理。都說不去。但我並非有意如此。實因環境使然。知己如你決不會怪我無情吧。

朋友你知道我現在已出了家嗎。你聽到我已出家的話。一定會罵我是不中用的。一定會笑我是無志氣的。可是我出家的原因。一不是生活無着。跑到廟來。會碗飯吃。二不是作奸犯科。逃在廟裏。諱名隱跡。因爲看到現在的社會。實在太黑暗了。太險惡了。每日報紙所載的社會新聞。不是暗殺。就是强姦。不是綁票。就是槍刼。沒有一樣是光明正大的事。我們要想做一個潔白清明的人。只有走上出家的坦途。本來出家是人格最高尚的事。不是人格最高尚的人。不能做到的。古人說出家乃大丈夫事。非王侯將相所能爲。於此可見出家之不易做了。

可是一般無知識的庸夫俗子。對於出家的意義。毫不瞭解。妄事譏笑。或肆行漫罵。他以爲出家的人。都是沒有飯吃。都是不得了的。唉這太沒知識了。

如果出家的人。既如他們所說。那以前的那些國王大臣。以及現在的這些聞人名士。爲什麼拿錢修廟給和尚住。爲什麼叩頭禮拜皈依和尚爲師。難道這些聞人名士的知識。倒不如他們這般庸夫俗子嗎。所以我敢武斷的說一句。大凡不贊成出家的。或批評出家不好的。都是下等社會。沒有知識的人。所謂「下士聞道大笑之」又所謂「桀犬吠堯」的一類。這又何足輕重呢。

朋友你能知道出家生活的自在嗎。不爲名韁。不爲利鎖。擺脫家庭之累。超出紅塵之外。一衣一鉢。到處爲家。芒鞋竹杖。遍遊天下。如空中鳥。如水中魚。逍遙自在。無罣無碍。古人說「百年三萬六千日。不及出家半日閒。」又說「朕若得如此千足與萬足。」這可以什足的證明出家生活的快樂了。出家的人格是這樣的高尙。出家的生活是這樣的自在。那你對於我的出家。決定不致誤會。說我是走錯路了吧。

與友人論出家書

宏宣

磐石居士。來書謂末季僧制廢弛。僧格墮落。出家學佛莫若在家學佛之爲妙也。據此見地。不無有理。然亦有未盡然者。夫學佛之目的。無非冀超三界。期脫苦輪。乃至究竟證得無上菩提之道耳。既欲成佛。必須出家。以出家學道。較之在家學道爲易易也。所以我佛捨棄王位。割愛辭親。現比丘身。始成正覺者。職此故耳。

出家爲八相成道之一。過去諸佛皆由此以成等正覺。未來諸佛亦由此而當成正覺。是以學佛而欲成道。非現出家之身不可。唯是現代之一般出家者。或因寄意山水而出家。或因感憎社會而出家。或因生活問題而出家。或因貪求安逸而出家。此等出家。皆未契乎出家之眞義焉。然以佛法因果之理論之。此等皆於過去刼中。曾植德本。曾發出家之願。故今日方能現出家之身也。豈可謂爲無因乎。居士既欲學佛成道。切不可以僧制廢弛。僧格墮落。而忽出家之道。差之毫厘。失之千里。居士勉之。

與友人論出家書

佛定

暌違雅教。想念良深。昨奉華翰。欣悉吾兄。概萬物之無常。嘆光陰之易逝。日以參禪爲念。唯道是務。逖聞之下。快慰奚如。不以弟爲不才。而以出家之義垂詢。益見吾兄之虛懷若谷也。我雖不敏。敢陳一二。夫吾儕立身於今日之社會。如欲離苦得樂。自他俱利。不爲世累。不爲俗牽。獨往獨來。無罣無碍。則唯有出家一途。可得美滿之効果。蓋出家爲成佛作祖之本。離苦得樂之因。其義奧妙。其樂無窮。松風水月未足比其清華。仙露明珠詎能方其朗潤。惟是時丁末法。而一般出家之人。只知穿衣吃飯。募緣發財。而出家之意義失焉。昔我佛之出家也。無非欲令衆生遠離煩惱。解脫生死。出苦空無常之家。入常樂我凈之室。其意可謂深矣。其願可謂宏矣。吾儕宿植德本。幸得發心出家。値遇佛法。應宜乘此良機。精進修習。以期早得解脫。方不負出家之宗旨也。愚見若此。不知高明以爲如何。天寒地冷。伏維珍重。

與友人論出家書

開悟

了然學兄大鑒。別後無恙否。甚念甚念。竊吾輩出家之人。處今日之潮流。幾爲世所唾棄。備受種種摧殘。其故何也。實以出家之人。失却自己之立場。所行所爲。皆與出家之宗旨。相背而馳。所謂物必先腐。而後蟲生。又何怪乎人之輕視耶。不然。諸方宏宗演教之法師。清修苦行之大德。何以處處受人歡迎。在在受人恭敬耶。是以吾輩出家之人。務宜自尊自重。或研經教。或修凈業。體出家之宗旨。行出家之事業。則社會之人。恭敬禮拜之不遑。焉有摧殘唾棄之事乎哉。嗚呼今之出家者。多如牛毛。而能知出家之眞義者。希如麟角。此佛法之所由衰也歟。雖然出家之類亦夥矣。有凡夫之出家。有二乘之出家。有菩薩之出家。有諸佛之出家。凡夫所出者。父母之家也。二乘所出者。凡聖同居之家也。菩薩所出者。方便有餘之家也。諸佛所出者。實報莊嚴之家也。尅實言之。凡夫也。二乘也。菩薩也。皆非眞能出家者。惟諸佛乃能眞出家也。然則。出家之事。豈易易哉。肅此祇候近佳。

與友人論出家書

宏道

某某法師道鑒。別後縈思。無時或釋。恭維法體安和。衆生易度。是所禱祝。頃聞法會宏開。聽衆雲集。出廣長舌。隳篾戾車。可謂開光明之大路。作苦海之舟航也。欽甚。佩甚。弟自出家以來。未得時蒙大匠薰陶。加以根性魯鈍。所以呆呆痴痴。迄今一無所曉。嗚呼。百年光陰。刹那易過。四大幻軀。豈能長久。滔滔之苦海無邊。汩汩之塵勞常累。況又人身難得。中國難生。佛法難聞。知識難遇。一失人身。萬刼難復。無常一到。不與人期。生死存亡。即在呼吸之間耳。豈不懼哉。昔我釋迦文佛。

悟世相之非常。覺人生如夢幻。遂於十九歲。二月八日。趁夜深人靜之時。轡馬逾城。直上靑嶂孤峯伽耶山頂。下馬拔劍。剃除髮鬚。棄下珍寶之衣。斬斷恩愛之情。發弘誓願。願度一切衆生之困厄。願除一切衆生之邪見。同出生死。同證菩提。此爲我佛出家之眞義也。而今之出家者。則不然也。或以貧乏不能自存。而來出家。寄身於三寶門下。專圖十方供養。不事脩習佛法。復有不能安分守己者。毀犯戒律。一不誦經。二不參禪。專門趕趕經懺。混混光陰。不知出家之意義。更不知佛法爲何物。實佛法之蕉芽敗種也。安得不爲社會人士。詬爲國家懶漢者乎。吾輩靑年學僧。旣立於知識階級。對於此等敗類出家。應宜予以指導。使其入於正軌。庶幾出家之地位。將見重於社會也。吾儕勉乎哉。

與友人論出家書

常聞

某某吾兄

別來已有三個多月了。我時常很想念你的。你的近況好嗎。我自出家以來。迄今已有兩年多了。對於出家的意義。雖未十分明白。但是出家的生活。覺得很有興趣。既沒有妻室之累。又沒有兒女之纏。自給自食。毫無罣碍。眞是逍遙自在。

古人說百年三萬六千日。不及僧伽半日閒。可見出家生活的淸閒自在了。

可是出家的宗旨。並不是圖安逸的。是要發菩提心。勇猛精進。去用功辦道。去教化衆生。不知道佛法的叫他知道。不明白因果的叫他明白。使個個人都要信仰佛法。都要成佛作祖。這才是眞正出家的宗旨啊。

不過現在的出家人。有幾個能够這樣的呢。咳難怪社會上的人不相信我們出家人呀。

藝苑

衆生法與佛法理原一揆之研究

自然

生佛本平等。凡聖原一如。猶如冰水雖殊。而同一濕性。拳手雖異。而共一身體。生佛之理既同。而生佛之形貌各異者。蓋因迷悟染淨之殊耳。一念迷。故將妙明而轉作無明。是以隨染緣而爲九界。一念悟。故返無明而歸妙明。是以隨淨緣而證佛乘。諸佛悟。而證三德。衆生迷。而成三障。諸佛所證之三德。即證衆生之三障。何以故。離冰無水。離拳無手故。衆生所迷之三障。即迷諸佛之三德。何以故。離水無冰。離手無拳故。是知衆生之迷與諸佛之悟。迷悟雖殊。理無二致。擴而言之。非特有情衆生。與佛理無二。即無情諸法。亦一如也。雖然。性德之本具若是。設衆生不從自性以起修。証乎本具之佛性。則諸佛而永爲諸佛。衆生而永爲衆生矣。

論教與觀相須而不容相離之意義

了　達

釋迦大聖。去世已遙。近此末法時代。學佛道者。夥如牛毛。成佛道者。罕如麟角。是何故也。曰皆因解行不能相應。教觀不能並運。有以致之耳。如今之研教理者。日以談玄說妙爲務。而依教修觀。躬行實踐者。則寡矣。世之譏爲有目無足者。是也。究禪觀者。日以趺坐寢然爲事。能據教理。判位淺深者。則鮮矣。世之誚爲有足無目者。是也。夫斯二者。皆以其所學者偏。而其所行者局。無上佛道。未克成就。即此故也。當知教觀二法。相即而不容相悖。相須而不容相離者也。苟能依教理以起禪觀。因禪觀而合教理。是則兩不相傷。雙成其美。成就佛祖。在剎那間也。竊願世之研經教修禪觀者。務須教觀雙修。無稍偏廢也可。

念佛法門勝餘法門其理安在

道　開

吾佛設教。總有五種法門。謂禪教密律淨也。夙根猛利。智慧隆厚之機。於大乘教義。固可一聞千悟。頓證菩提。若淺智之人。雖能聞經聽法。而欲脫離生死。期證無生。誠匪易易。以其義理高廣。殆非淺智弱力之人所能行也。若夫淨土法門。不拘根性利鈍。但能力持彌陀聖號。命終面覩彼佛。即可脫離苦惱。悟無生忍。其他法門。皆賴己力。念佛法門。兼仗佛力。其効誠霄壤之別矣。故世之宗禪教者。須以念佛法門爲助修。永明大師云。有禪有淨土。猶如帶角虎。現世爲人師。來世作佛祖。可見淨土法門之殊勝於餘諸法門。信不誣矣。

諸佛爲何示現世間試述其義

體照

悲夫。衆生被業所惑。將五陰和合之幻相。執爲實有。牢不可破。往返於三途。輪廻於六道。苦惱極矣。是故諸佛。不辭勞苦。不悋慈悲。應現於世。振聾發聵。救度衆生。作大醫王。若衆生貪欲病重。則以九想觀之法藥治之。瞋恚病重。則以慈悲之法藥治之。散亂病重。則以數息之法藥治之。愚痴病重。則以因緣觀之法藥治之。多障衆生。則以念佛法門而化攝之。衆生苟無諸苦病。而諸佛亦無須示現娑婆。諸佛之所以示現世間者。爲使衆生。離却生死煩惱。而得淸凉自在故耳。

說明佛用漸次圓頓二種法門之意義

傳國

楞嚴經云。自覺已圓。能覺他者。如來應世。觀於是言。始知世尊。降跡娑婆。誠爲覺他而應世也。法華經云。欲令一切衆。如我等無異。由是世尊應時化導。隨機說法。對於利根之人。說性修不二。生佛體同之圓頓法門。使其一超直入。頓證法身。對於鈍根之人。說人天戒善及三乘諦緣度等漸次法門。使其先斷見思。證眞諦理。而後爲說從空出假之道法。令其破除塵沙。證俗諦理。最後爲說空假不二之中道妙法。令其滌淨無明。證於博大精微甚深幽邃之不可思義中諦理也。然釋迦所以用此漸次圓頓二種法門者。爲欲逗契利鈍二種根機。悉證無上菩提究竟涅槃而已矣。

釋十號義

岫峰

十號者。乃諸佛如來究竟果德之十種通號也。其義深廣。雖博識之學者亦不能見其淵源。何以故蓋茲十號諸佛如來妙智妙用自行化他一切功德悉皆該於其中故。今略釋其義。所謂十號者。即如來應供乃至佛世尊也。夫如來者不變爲義。經云無所從來。亦無所去。故名如來。應供者謂如來福德甚深。堪受三士衆生之供養。正徧知者謂如來成等正覺能徧知法界衆生之苦樂幽情種種差別。明行足者。如來福慧雙足。有覺他之功能也。善逝世間者謂如來從果而行因到生死海利益衆生來去自在也。無上士者。謂如來超出九界最爲無上故。調御丈夫者謂如來善調衆生返邪歸正。天人師者。謂如來爲天人之大導師也。佛者謂如來三覺圓萬德具也。世出世間之所尊崇故稱世尊也。然茲十號唯佛究竟具足也。

五時略解

清光

原夫我佛。出現於世。一代所談。無量教法。智者大師。判爲五時焉。所謂五時者。世尊於寂滅道場。初成正覺之時。欲以自己所覺心佛衆生三無差別之理。普覺一切衆生。遂現圓滿報身。演說華嚴圓頓大教。是名第一華嚴時。此時小機在座。如聾如啞。有眼不見舍那身。有耳不聞圓頓教。於是世尊。隱大施小。說四阿含諸小乘經。令小機之人。證眞空理。是名第二阿含時。此後又假維摩等諸大士。互相酧唱。呵斥小乘。永斷佛種。使其恥小慕大。是爲第三方等時。斯時小機。仍住草菴。更爲宣說諸般若經。以空慧水。蕩滌執情。是名第四般若時。於此時至緣熟。佛即爲說妙法華經。開三乘之權。顯一乘之實。上中下根。俱皆授記。當來作佛。最後又說大涅槃經。是名第五法華涅槃時也。此之五時。無非陶鑄物情。引導人心。返邪歸正。而施設也。

五時略釋

證性

大藏教典。橫該豎羅。何啻汗牛充棟也。一代教法。雖高廣無量。天台判之。不出五時。第一華嚴時。宣說一眞法界之理。爲被住行向地利頓之機。而下劣者。不見不聞。第二阿含時。宣說生滅四諦之法。五比丘等因此而成聖果。第三方等時。四教幷談。呵二乘之劣。嘆菩薩之勝。使小乘者。趣向大法。而慕圓果也。第四般若時。講八十一科。皆摩訶衍。讚般若之深妙也。其共般若三人同修。不共般若。菩薩獨行。第五法華時。會三乘即一乘。融九界即佛界。開顯前四時之方便。即法華之眞實。若權若實。若本若迹。悉皆是妙。若六凡若四聖。完全授記作佛也。法華之後。又演涅槃。廣談常住佛性。爲收三變土田被移之輩。五千增上退席之流。名捃拾教。此與法華同一時也。共爲五時略釋如此。

三乘略解

慈雲

三乘者。聲聞、緣覺、菩薩是也。乘者。運載爲義。夫聲聞人。聞四諦之法。以苦諦爲初門。斷三界見思二惑。獲證偏空寂滅之理。其種類有四。即須陀洹。斯陀含。阿那含。阿羅漢小乘是也。緣覺者。稟十二因緣教法。逆順推尋。原無自性。當體即空。以集諦爲初門。更侵習氣。故居聲聞之中乘是也。上菩提者。梵語菩提薩埵。此翻覺有情。具大悲心。發四宏願。上求佛道。下化衆生。以道諦爲初門。自利利他。同離苦海。同越愛河。大乘是也。聲聞根性。弱劣無能。灰身泯智。坐守化城。保守眞空。喻如羊車。未能負重。緣覺之人。根性稍利。兼能利他。喻如鹿車。稍克載重。菩薩根性。最爲猛利。心志亦大。喻如牛車。能載重而致遠也。

化儀四教略釋

了達

夫化儀者是我世尊教化物機之儀式也。然有頓漸秘密不定之別焉。一頓教者。謂如來最初成道於摩竭提國。有別地圓住法身菩薩。及宿世根熟天龍八部一時圍繞。如雲籠月。爾時如來即現千丈盧舍那身。說修多羅圓滿大法。是爲頓教。小機之人於頓無益。以故如來即寢一頓而施三漸。不離寂場而遊鹿苑爲陳如等說諦緣法令證小果。次說方等淨名等經。彈偏斥小。讚大美圓。使其自知偏小。猶如螢火。不及日光。次說般若將觀慧之水。淘汰彼等之執情。以上三時總爲漸教。於前頓漸法中。一音演說隨類得解。互不相知者。即秘密教也。如爲此人說頓。爲彼人說漸。彼此互不相知者是也。彼此互知者即不定教也。如聞頓得漸益。聞漸得頓益。各自得益者是也。化儀四教略釋如此。

略述化法四教之意義

德藏

悲夫。大地衆生。無始以來。一念不覺。迷昧心性。以致輪廻於六道之中。輾轉於四生之內。生死長夜。永無出離。誠可痛矣。吾佛釋迦。愍焉愍之。故降於世。救濟羣生。使之超越生死苦海。返歸無上正覺。然衆生根機。旣有淺深之各別。智慧亦有厚薄之不同。如病之有輕重也。故應病之藥。不能不有差別。若以一藥而欲醫衆病。不分甘苦寒熱。豈有不目爲庸醫乎。佛之說法。亦若是也。機有大小。故教有藏通別圓四教之別也。夫藏教之法。爲治迷事病重之衆生也。通教之法。爲治迷事病輕之衆生也。別教之法。爲治迷理病重之衆生也。圓教之法。爲治迷理病輕之衆生也。後一爲實。前三爲權。權爲實而施。實以權而顯。權實不二。事理一如。佛法之妙。不思議矣。

八相成道記

心宗

楞嚴經云。一切衆生。從無始來。生死相續。皆由不知常住眞心。性淨明體。用諸妄想。此想不眞。故有輪轉。由是我佛如來。運大悲心。駕無畏船逆流九界。救拔沉溺。從兜率降皇宮。托胎、住胎、出胎、出家、成道、轉法輪、入涅槃。八相成道。爲一期應化之事跡焉。當其降生以至出家。無非示同人間。以便施化。及其成道說法。又無非直指衆生常住眞心。性淨明體而已。厥後機薪既盡。應火亦滅。故於雙林樹下。入無上無餘大般涅槃。分布舍利。慈蔭人天。今日色相雖杳。三藏猶存。若欲仰報佛恩。於此宜三致意焉。古德偈云。假使頂戴恒沙劫。身爲牀座徧三千。若不說法度衆生。畢竟無能報恩者。吾儕研究教典者。應如何以報佛深恩乎。

略述化法四教之意義

克勤

夫第一義中。本無言說。世尊應化。說種種法。衆生之根性不一。故如來之教法亦有四教之不同也。藏教析法入空。正化二乘。傍化菩薩。所詮生滅四諦等法也。通教體法無生。正化菩薩。傍化二乘。所詮無生四諦等法也。別教修次第三觀。獨化菩薩。

所詮無量四諦等法也。圓教修一心三觀。法法圓融。隨舉一法。無非中道。所詮無作四諦等法也。由淺至深。運諸衆生。究竟歸於無上菩提也。是之謂四教。

釋阿羅漢義

明熙

阿羅漢是梵語。名含三義。五種不翻中之多含不翻也。一者應供。在因中爲乞士。到果上爲應供。二者殺賊。在因中爲破惡。到果上爲殺賊。三者無生。在因中爲怖魔。到果上爲無生。此是超出三界之小乘聖人也。界內無受生之因。所作已辦。不受後有。眞窮惑盡。行滿果圓。然此約界內而說也。若對界外言之。仍有方便實報變易生死在。此類小乘。果證眞空涅槃。惑斷見思煩惱。子縛斷盡。果縛存在。名有餘涅槃。若灰身滅智。名無餘涅槃。名自了漢。以其不度衆生故。小乘見三界如牢獄。觀生死是寃家。所以不敢到三界度生利物。法華喩爲羊車。祇顧自己不顧傍人之故也。

賀無人同學住持本空禪寺書

照空

無人學兄慧鑒。申江握別。遙阻天涯。屢欲通候。未卜錫駐何方。心嚮神馳。徒增惆悵。回憶曩時。同窗共席。親若手足。互鑽教理相與謦欬。此情此景令人難捨。每一興懷。儼然猶在矣。敬賀者。弟日前聞如幻學兄來言。吾兄被十方僧衆公舉爲本空禪寺住持。弟聞訊之下。驚喜莫名。竊維如兄之學德雙優。理宜爲衆領袖。由茲荷担如來利生職責。爲三界之導師。奉行菩薩救世之願。作四衆之宗匠。高建法幢大闡宗風。名山得主。古刹重輝。實屬龍天護念之所致耳。非獨爲吾兄讚揚而已。而亦爲佛前途與末世衆生作無量慶祝也。弟雖不慧願爇。一瓣心香。擬頌讚曰。

君之美範　人天欽崇　利生志廣　救世願弘　學深巨海　道高嶽峯　悲智雙運
解行圓融　靈山密囑　紹隆心宗　龍天推出　丕振家風　信是再來　住持本空

遙奉俚句　聊表寸衷

擬賀某同學住持雲南雞足山書

大智

某某學兄慧鑒。自從報恩佛學院分手以後。似電的光陰。不覺已有兩年多了。未能時常訊候。實在抱歉得很。我自從和你同學以來。我的心靈上無形中便發生了一個很羨慕你的影子。知道你將來一定能够鶴立雞羣。出人頭地。爲佛教的棟樑。爲僧伽的模範。我怎麼知道的呢。因爲我們在一處求學的時候。全級同學裡要算你的學問最好。性情也極和善。同學有甚麼困難的事情。你總盡自己的力量幫助同學。所以大家都很愛戴你。

後來選舉級長的時候。大家一致投票選舉你爲級長。你自當級長後。果然對外能够代表全級。對內能够指導全級。這是我羨慕你的原因。同時也是全級的同學。都很欽佩你的地方。

要說到我自己。眞是慚愧。根基淺薄。沒有一點學問。對於佛法世法。一樣都不明白。學了差不多有五六年了。現在仍舊一無所知。如同啞吧聾子一般。

前幾天海量學兄來此。問到你的近況。他說你已做了雲南雞足山的住持。我聽到這個好消息。我就快活得幾乎要跳起來了。

因爲雞足山是雲南有名的勝境。得你這樣的人來維持。將有復興的希望了。你頂好趁此機會。替佛教做一番大事業。那你的地位。和聲望也就一天一天的會增高起來。不似一般普通的和尚了。你既被龍天推出。應該把振興佛教的責任。一肩担荷起來。那四方的學者。一定爭先恐後的會來親近你了。你是譬如一隻度人的大船。那些苦海裡的衆生。都要待你去度。你不要放棄你的責任罷。本來住持的意義。就是住持佛教的。不是圖虛榮的。我寫這些話給你。無非表示我恭賀你一點微意罷了。希望你慈悲原諒吧。祝你福慧雙修

擬賀某同學住持某叢林書

寶峯

某某同學

遠在海角天涯的我。時常的遙祝你的學業增進。日勝一日。直達你理想的實現。和個性的發展。這是漂流的我所朝夕願望的啊。

相別以後。幾乎有一年多的光陰了。可是一封信也未曾給你。對於我自己的心靈上。是很過不去的。是的。這不過因爲沒有得到一定的安身立命地緣故。請你原諒我吧。

某。從前我們兩南在岳祝聖寺念書的時候。你是多麽的發奮用功呵。在我們同學之中要算你個人最聰明。最玲俐了。你一不玩皮。二不和那些同學們去吵鬧。只是整天的埋着頭兒在講堂裡。拚命讀書寫字。所以敎師們也非常的看重你。同時。在我們同學之中。也無一個不敬重你。不欽佩你。不羨慕你。無一個不以你爲我們的模範友。

某。你的那顆活潑靈敏的心珠。發出那種堅强勇猛的决心。去研究那三藏十二分敎的妙義。整天讀着現代名人所著的作品。創造你那活潑流暢的新文藝。你想將來爲佛敎增光榮。爲衆生謀幸福。更爲成就你的大悲願力計。艱苦毅力的和那虛僞的環境掙扎一心一德向那光明的前途上走。達到你理想的目的。

某。你知道麽。在當時我們同學中討論過你的將來。他們都說你是將來佛敎中的大棟樑。是現代的一位青年高僧。我也是這樣的說。果然不出我們意料之外。前幾天我聽見有一位同學告訴我。說你已做了某叢林的住持了。苦惱的我。怎能不歡喜而鼓舞呢。但是我既無能力來幫你的忙。又不能親自來恭賀你的法位高陞。那末我唯一的賀品。就是希望你舒着你的偉抱。展出你的奇才。爲佛敎做一番驚天動地的大事業。這是我恭賀你的一點微意。請你接受着吧。

擬請某法師講華嚴經啓

自觀

大千刼運。獨重神州。十方衆生。同淪苦海。低徊人事。不勝感慨。處處刀兵。在在水旱。壯者流離四方。老者轉乎溝壑。推其原因。皆由於人心不善有以致之。同人等疚心共業。蒿目時艱。欲返國家於昇平。須度衆生於覺岸。以是兩序大衆。一致公决。恭請

法師涖寺宣講大方廣佛華嚴經全部。藉以祈禱和平。消弭刼運。久仰法師。三摩早悟。辯才無碍。教則圓融三諦。理則透徹一眞。擊法鼓於南北。雨甘露於中外。然暗室之禪燈。光明普照。泛慈航於苦海。普度有緣。圓音所至。無不騰歡。竊思我佛一代時教。首唱華嚴。一切教義。皆從此出。爲根本之法輪。是無上之大乘。言其義則豎窮橫遍。言其文則甚深微妙。非智深慧淵之明師。曷能窺其秘奧。法師得賢首之心傳。悟華嚴之妙旨。倘蒙屈駕枉臨。則不特敝寺之幸。亦衆生之幸也。敬祈允諾。勿却

是幸。

勸友人來七塔報恩佛學院求學書

調御

渝城分袂。寄跡天涯。屢易春秋。鮮通尺素。祇以學業所累。兼因他緣所牽。知己之交。祈相宥也。時維白月。覃碧梧而垂露。節屆西風。送金粟以流香。仰維足下。道範深宏。德行清淨。終朝禮懺。竟日誦經。生之者蒙開迷途。沒之者承歸淨土。此雖度人之事。實非弘化之極也。竊以佛教日衰。因僧伽不知所爲。宗風不振。由衲子未識其道。若發上乘之心。可挽狂瀾於既倒。如興堅卓之志。堪推佛日於中天。釋迦授與法記。彌陀賜以蓮台。賢首宏敎。良有以也。智者興宗。豈徒然哉。欲得三昧之味。必除五塵積習。苟冀四德之樂。須學三藏靈文。迺者七塔報恩佛學院。雖非鷲峯之高會。確是祇園之勝塲。而院規嚴整。課程精密。同席雖無什師之才。共談洵有佛印之口。如能浮杯而至。飛錫以來。將來佛教之中流砥柱。不在足下而誰與歸。敢布腹心。希爲採納。

七塔寺遊記

大智

我未出家以前。就聽得人說。寧波有個七塔寺。出家之後。又聽許多從寧波來的和尚們說。七塔寺是如何如何的好。因此七塔寺三個字的影象。在我腦海裡。已非一朝一夕了。

我每想到七塔寺來看看。但是終於沒有機會。直到今年正月。因去天童求戒。和我師傅一起。順道的去玩玩。走到山門口。便望見小巧玲瓏的七座塔。豎在兩傍。才知道寺名之叫七塔。根由於此。

進去便是天王殿。門上掛着天王殿三個大字的橫匾。當中塑有彌勒菩薩的聖像。那副哈哈大笑的神氣。無論甚麼人見到。歡喜得肚皮通會笑痛掉。聽說這位菩薩。是將來龍華三會的教主。他成佛的時候。這個娑婆世界的衆生。只有快樂。沒有苦惱了。所以他整天的笑着。

穿過天王殿。便是莊嚴偉大的大雄寶殿。我想這種偉大的建築。也許是表示釋迦牟尼的偉大吧。不然那裡會建築這樣雄偉高大的宮殿樓閣呢。所以我對着釋迦牟尼的遺像。想起了他偉大的人格。不覺生起高山仰止。景行行止。雖不能至。心向往之的感想。很嚴肅的跪下地來。必恭必敬的拜了九拜。

清規堂即在殿的右邊。清規堂在叢林裡的地位。是如同社會上的法庭一樣。大凡寺裡的僧衆。犯了清規。都要到這裡來受裁判。客堂後面。又有禪堂是僧衆們參禪用功的地方。從禪堂的拐角裡走出來。便是三聖殿。內供有西方三聖的像。高長二丈有八。全身金色。異常莊嚴。很有價値的藝術。殿宇的高大。與大雄寶殿。不相上下。殿的左邊是五觀堂。全寺僧衆吃齋都在這裡。爲什麽叫五觀堂的呢。因爲僧衆吃飯的時候。都要作五種的觀想。才能消受施主的供養。第一計功多少。量彼來處。第二忖己德行。全缺應供。第三防心離過。貪等爲宗。第四正事良藥。爲療形枯。第五爲成道業。應受此食。這是表示我們吃一碗飯。當思來處不易的意思。

從齋堂的左角裡走進。便到如意寮。就是僧衆療養的地方。寺內寺外有病的僧衆。都可到這裡來療養。我們去的時候。裡面住有二十幾個病僧人。輾轉病榻。那種呻吟苦痛的慘狀。洵不可以言喻。我問一個病人道。你們在這裡的待遇怎樣。他嘆了口氣說。只有飯吃。別的都沒有。連藥也沒有吃的。我們到這裡來養病。如果自己沒錢吃藥。好像在這裡等死一樣。還談得到什麼待遇呢。不過有房給你住。有飯給你吃就是了。我聽到這話。不禁惄焉心傷者久之。我想既辦得療養的如意寮。爲什麼不辦藥來給病人吃的呢。本來如意寮的命意。就是衣服、飲食、臥具、醫藥、四事如意的意思。於今既無藥給病人吃。那就四事不如意了。怎能叫如意寮呢。人之所最苦者莫過於病。人之所最不能免者。亦莫過於病。希望七塔寺的長老們。以後對於這些病人的救濟方面。特加注意。以期名符其實。

聽說現在的方丈溥常老法師。與上海的陳磬裁大護法。正商切實的救濟辦法。如果計畫成功。那豈但是病人的幸運而已。功德也就無量了。

齊堂的左側。便是雲水堂。所有各處來的朝山拜佛的和尚。都在這裡住。聽說每天來往的和尚。總有二三百人。吃的穿的都是寺裡供給的。享受方面。一律平等。沒有分別。這不是實行大同主義的表徵嗎。

走到最後一層。便是藏經樓。上面設有報恩佛學院。教師共有三四位。都是博通教理的法師。學僧共有三十餘名都是英氣勃勃。大有作爲的青年僧。內設有閱報處。圖書室等。規模雖不甚大。設備却也整齊清潔。可說寧波的唯一僧學院了。復有庫房念佛堂等。還多得很。我不過略略的記點大概罷了。

七塔寺遊記

德聞

那天的上午。吃過早飯的時候。我和幾位同學。一起到外面遊覽。走過老江橋。至百丈街。望着前面有個偉大的寺院。建在街衢。我就無形之中起了一個很羨慕的心。於是慢慢的向那宮殿式的寺院走去。不一會就到了。走進三門。就望見天王殿三個大字。是名人手書的。天王殿內。塑有雄糾糾的四大天王像。還有彌勒菩薩的像。又肥又胖。笑嘻嘻地坐在當中。天王殿後。便有個小規模的花園。又向前走數步。即是大雄寶殿。清淨整潔。眞是莊嚴得很。後面又有很高大的三聖殿。殿內供着彌陀觀音勢至的三聖佛像。三聖殿後。便是藏經閣。最後一層是方丈室。方丈和尚是溥常老法師。

年紀有七十多歲了。聽說這位方丈和尚。苦行很好。每日領衆上殿過堂坐香。未曾稍懈。所以七塔寺的道風。比較寧波其他寺院來得嚴肅。我們爲表示仰慕起見。便很恭敬的拜了三拜。他對我們說。你們青年的人。應該要立志向上。切不可懈怠放逸。同流合汚。現在的佛教。衰敗得很。要靠你們這些年青人來維持。你們是將來佛教的主人翁。好好的振作才好。我們聽了他的這席話。不覺精神爲之一振。好像吃了一劑補品似的。非常高興。這是我遊七塔寺的一點觀感。特記之以誌不忘。

七塔寺遊記

楚泉

春日是那樣的和煖。很想出外去遊覽。吃過早飯。隻身的跑出去。走到路上。遇着兩個手上拿着香燭的老婆婆。非常誠懇的樣子。我問他道。老婆婆你倆到什麼地方去敬菩薩呢。他說到七塔寺去打淨七。我又問七塔寺是在什麼地方。裡面好玩不好玩呢。他說你不知道可以同我一道去看看。裡面好玩得很。牠在寧波要算數一數二的一個大叢林了。內裡還辦得有一個佛學院。又有一個施醫院。佛學院是造就宏法僧才的。施醫院是專門救濟貧人的。你何不去看看呢。我聽了這話。就跟他走去。未數步。有一座又高又大的鐵橋。白虹似的跨着甬江的兩岸。聽說這座橋是最近才修的。要算寧波方面的唯一大建築了。再走半里路。就到七塔寺了。一進山門。就看見許多的軍隊在訓練。所謂保長訓練班也。因爲軍隊駐的太多。衛生方面就大妨碍了。把一座清淨的道場。變成汚濁的穢土。眞是可惜得很。我問一個和尚道。這些軍隊駐在寺內。有沒有妨碍寺政呢。那個和尚回答道。我們寺理住有三四百僧人。所有吃的穿的用的。都是靠齋主到寺裡來拜懺念經的。自從這些軍隊駐紮以後。齋主也不敢到寺來拜懺念經了。所以收入方面。就大受影響。幾乎不能生活了。現在政府聲聲口口。提倡民生主義。不知民生之謂何。我聽了這話。表示十二分的同情。爲他們憐憫了。本來佛教在我們中國是很有光榮的歷史。並且很有益於世道人心。政府們應該好些保護。現在爲什麽這樣的摧殘破壞呢。這是我遊七塔寺最感觸的一點。特記之以告同袍。

七塔寺遊記

智慧

我早就想去遊七塔寺了。直到今天纔遂心願。早晨八時。我和一位同學到了老江橋。便望見那雄偉的廟宇。如像皇帝的樓閣宮殿一樣。寺在百丈街的中央。我二人就來到寺門口。更覺這寺造得雄壯了。山門上面刻着七塔寺三個字。我們就從山門口走進去。抬頭便望見天王殿三個字。殿裡有四尊大天王。高有三丈多尺。天王的上面分刻着廣目、持國、多聞、增長、八個字。我們穿過天王殿。就有個小小的花園。有色色等等的花草。長得非常的美麗。花園裡有座很高大的鐘。上面刻着有字。重量有四萬八千斤。擺在花園裡。令人參觀。抬頭一望。見着大雄寶殿四個字。殿內有尊觀音菩薩。我更覺這觀音菩薩的偉大了。不覺肅然起敬。便很恭敬地禮了三拜。四週牆上塑着有五百羅漢的像。殿後有三聖殿。內有三尊大佛像。很雄偉。高有三丈八尺。我就跪下地來。又禮了九拜。又從三聖殿後面。穿過去便是方丈。方丈裏面有位老和尚。頭上載着合掌帽。滿面長着黑鬍鬚。手中拿着唸佛珠。身上穿着黃海青。足下穿的黃鞋子。他的行住坐臥。眞實威儀得很。我們就問他道。老和尚你有多大年紀了。他不慌也不忙的回答道。我今年七十有一了。看他不過四五十歲的樣子。他說不要打我的閒岔。我要念佛了。你們請去吧。我們就從右面出來。經過雲水堂。堂內有三百多和尙。都是眼觀鼻鼻觀心的在用功。我們看見他們坐禪。心裡起了無限的欣慕。我們就從前面出來了。右手邊就有個五觀堂。下面又有祖堂。祖堂下面又有客堂。我們看了好幾個鐘頭。還沒有全看完。我們從客堂前面正直走到山門口。站在山門口。抬頭望望。左右兩邊。建得有七座石塔。我們看見這七座塔。才知道寺名叫七塔寺的原因了。

七塔遊記

心回

我是本省人。平常很難出門遊玩。因爲今天心中很憂悶。而且天氣很熱。常聽人說七塔寺很好玩。所以我吃過早飯。就到七塔寺來看看。果然很有意思的。山門口有許多作生意賣吃活的。我也就拿幾個銅元買了點東西吃。吃過之後。我將要動步走進來。看見一個很有道德學問的和尙。迎面走來。他問我你是那裡人。我回答說。是本省人。他說既是本省人。我領你進去玩玩吧。我說今天特意到這裡來玩的。和尙聽到這話。就笑喜喜的。引我到天王殿。兩邊都有很高很大威武得很的天王像。中央是一個彌勒菩薩。最慈悲的樣子。坐在那裡笑着。我問和尚說。這位菩薩究竟笑些什麼。和尚說菩薩看見我們衆生太愚痴了。苦不知苦。所以他笑着。又走到大殿去遊玩。看見大殿裡許多的和尚拜的拜。跪的跪。也有居士在那裡念佛。就引動了我的念佛心。便念了幾聲阿彌陀佛。和尚說你善根很好。你還會念佛。我引你到客堂去看看我們出家人的規模是怎樣的。走進客堂。外面恰來了一個和尚。威儀很好。進內必恭必敬的坐在左邊。他本是遠方來的一位講經法師。我就與他談了幾句佛法。越談越有味。談的我也不想再走了。和尚又說。我引你到方丈室去見見方丈和尚吧。我便隨他到方丈室。見了方丈和尚。那一副古老神奇的道貌。異常莊肅。眞與一般和尚的像貌不同。所以我不覺的起了一種很大的羨慕。我想這是現代的高僧了吧。所以我回來就拿起筆來。記出我遊七塔寺的事實。

七塔寺遊記

又忍

我在慈谿飯佛寺住了半年。簡直沒有出門遊玩過一次。心裡很想到七塔寺來玩玩。有天早上師伯和我一同乘車到寧波來。出了忠介街。便望見那雄偉的殿宇。豎在街衢。金黃色的牆上刻着七塔禪寺四個字。我從外邊慢慢的走進來。到了天王殿。內有四大天王像。覺得很偉大了。望前走幾步。就到大雄寶殿。裡面有一尊觀世音菩薩。我就走上前去。便很恭敬地拜了三拜。兩邊牆上。刻着羅漢的像。我們穿過大佛殿。西進就是客堂。當中有祖師的像。客堂旁就是禪堂。禪堂裡住得很多的和尚。又有三聖殿。內有西方三聖。就是阿彌陀佛。觀世音菩薩。大勢至菩薩。這三尊佛。都能度脫衆生的苦。故叫三聖。拜了三拜。就到藏經樓上。從樓梯走上去。看見許多學僧坐在講堂裡。很用功地做文章。做的題目是育王遊記。回來時師伯一路和我講些七塔寺的歷史。我就曉得七塔寺是一座最古的名刹了。

遊七塔記

天性

我前在湖南。早想到寧波七塔寺來參學。直到今年正月十九日。纔遂心願。

到老江橋。便望見一座很偉大的寺院。層樓傑角。高出雲霄。好像皇帝居的宮殿一樣。寺在百丈街的中央。來到寺前。抬頭一望。便有莊嚴美麗的七個塔。塔前很多的小孩在玩着鬧着。

我從山門慢慢地走進來。便是天王殿。望見彌勒菩薩。拿着一付珠子。滿臉的笑容。好像是歡迎我們的樣子。兩傍有四大天王的像。後有韋馱菩薩。我一一地很恭敬地拜了幾拜。

穿過天王殿。就看見大雄寶殿四個大字。高高的懸在頂上。便知道是大佛殿了。走進一看。看見許多善男信女。在那燒香點燭。禮拜着觀世音菩薩。我覺得菩薩的功德。感人之深了。在右塑有文殊普賢及諸菩薩等像。我看此殿眞實妙相莊嚴了。

走過大殿。到三聖殿。中有西方三聖的像。非常高大。殿旁有醫院。是寺裡設的。完全慈善的性質。殿後有藏經樓。樓上立有報恩佛學院。經費由寺中負担。以宏揚佛法。造就人才爲宗旨。對於佛教有不少的利益。眞不愧爲甬江的一大佛寺了。

天童圓瑛老法師參訪記

大智

天童是在中國佛教史上最有名的叢林。一切規矩法則的優美。都超過國內其餘的叢林。所以一般禪和子們。都以天童爲參學的必要地。我們那能不去一看呢。

四月廿五日的那天。由主講法師率領我們全體同學。一同出發。走到寶幢街。乘汽油船到少白。一路看見田裡的秧。河岸的柳。葱葱鬱鬱。青翠可愛。汽船大約走了三小時之久。才到少白碼頭。從少白到天童。據說還有十五里路。我們在少白稍微休息了一會。便爬山越嶺的向着天童走去。上山的時候。大家談的談。笑的笑。跑一會。坐一會。覺得很高興。差不多走近天童的時候。看見松樹蒼蒼。又高又大。一顆一顆的長在路的兩旁。一直到山門口。森林濃密。樹蔭蔽天。不啻山陰道上。置身其間。眞有雲深不知處之概。進門便是新修的天王殿。雄巍莊嚴。非常壯觀。殿的石柱上。刻着許多名人的匾聯。進內又有許多新建築。那種金碧輝煌的氣象。不禁令人生起無限的欣慕。

聽說這些新建築。自廿一年突遭回祿之後。由住持圓瑛老法師。苦心孤詣的。一手重修起來的。我想在這世界經濟恐慌的時候。能夠舉辦這偉大的建築。不是非常的人。

決不能做此非常的事。

由天王殿右邊的石級走上去。便是客堂。我們到了客堂。一齊向上排班。頂禮知客師後。由知客師送我們到自得齋的樓上。聽說這個樓上。專門招待上賓的地方。因爲我們是報恩佛學院的學生。所以特別優待。送到這裡。因此我們不覺慚感之至。

第二日恰好遇着圓瑛老法師住持六年期滿。新任大悲法師進院的日子。到九點的時候。鳴鐘集衆。全寺的兩序大衆。及緇素來賓。一齊到山門外歡迎大悲法師。一時炮聲隆隆。鐘鼓齊鳴。異常熱鬧。我們觀光這殊勝的典禮。增加了不少的信仰和知識。

下午二時。由主講法師率領我們一齊到方丈裡去參圓瑛老法師的座。頂禮三拜後。圓瑛老法師開示我們道。

你們今天看見大悲法師進院的盛典。心裡有什麽感想嗎。你看這樣隆重的儀式。做個和尙也値得吧。就是做個皇帝也不過如此而已。你們知道。大悲法師他爲什麽能做天童的方丈。受這樣隆重的歡迎呢。因爲他有參有學。他曾在金山高旻參過。他曾在各處學過。參學具足。所以有做天童方丈的資格。才有今日的光榮。你們在報恩佛學院。眞心的參。眞心的學。將來也能够和大悲法師一樣。不但和他一樣。就是成佛作祖也是不難的事。你們青年的人。第一要立志向上。不可隨風飄流。一生事業的成就。全在青年時代作基礎。現在我們佛教的一切。均待着你們青年學僧去努力。我覺得在這百廢待舉。百業待興的佛教。正是你們青年學僧表現好身手的絕好時機。現在我們的佛教。一切俱落人後。一切都不如人。在佛教的聲譽方面。當然是不好的。不過世間任何事業。都是由落人後而趕到人前。由不如人而做到勝過於人的。所以我們的佛教。一時的落人後。一時的不如人。並不足爲羞恥。而不趕不做。因此而永落人後。永不如人。這才是佛教的大恥辱。這種趕與做的工作。就要你們青年學僧去担負起來。

我今年已有六十多歲了。現在還是奮鬥着。努力着。究竟爲的什麼呢。也無非想把佛教趕到人前。做到勝人的境地。不然我儘可優閒自在。何必這樣日夜憂勤。勞心勞力呢。我們聽了這番的開示。好像打了一支强心針。服了一劑興奮藥。把因循懈怠。不肯向上的劣根性。無形中消滅過去。恨不得即刻做個萬人欽重的高僧。來報我佛如來的深恩。古人說。聞君一席話。勝讀十年書。這兩句話。好像我們此番參訪圓瑛老法師的一個法脚了。我認爲這種殊勝的因緣。不可等閑視之。所以我回來的時候。提起筆來。特地記在書上。以誌不忘。

天童圓瑛老法師參訪記

德圓

我們學院裡說要去遊天童參訪圓瑛老法師的這話。醞釀了不少的時間了。直到四月二十五的那天。纔得實現。這是何等的快愉啊。

天童原來是密祖開山的道場。到現在已有二千多年了。寺裡的規模。非常嚴肅。經過多少時代的變遷。而其一切規矩習慣。一仍其舊。曾未受過時代的影響而更變絲毫。所以中國的寺院裡。很難找到一個像他一樣的模範叢林了。我以爲這種力量。不能不說密祖老人的道德所感光明所照了。

圓瑛老法師是我們當代中國佛教最高的領袖。所以我們渴慕他的慈容。想聆他的法誨。已非一朝一夕了。但是終於找不到機會。直至四月二十五的那天。因緣成熟。才滿我們的素願。

我們去的那天。最初到方丈裡。向院長告假。院長訓誡我們道。你們出去。威儀要齊整。不要鬆散放逸。有關學院的名譽。大家各宜自重。訓畢。我們就一同出發。由寶幢街乘汽船至少白上岸。經過德雲精舍稍憩。這時風景也漸漸引人入勝。沿途經過五佛塔。及天童街等。約五點鐘。才到天童。走進三門。便是天王殿。清淨無塵。實在好極了。繼至客堂。知客師就送我們到自得齋的樓上。房屋寬闊。空氣清潔。光線充足。住起覺得很舒適。

我們去的那天。圓瑛老法師因公出外未回。待到第二天。方才回來。於是我們就著衣持具去參謁老法師。行禮如儀後。老法師就開示我們道。你們都是青年的學僧。正在有為的時候。住在報恩佛學院。須發長久心。和懇切心。一切貢高我慢不良的惡習。一齊除掉。好好的造出一個有品有學的法器。將來師範天人。撐持佛教。到社會去宏揚佛法。教化衆生。這是我的一點希望。我們聽了這番的開導。皆大歡喜。作禮而回宿室裡來了。不一會主講法師又說道。你們大家去看看本寺開山密祖的塔。及各處的勝景。於是我們大家就去遊密祖塔了。出三門約二三里。就到塔院了。房屋共有兩進。頭一進就是影室。供有密雲悟祖的遺像。第二進就是衣冠室。密祖的法杖衣冠等。都陳列在裡面。我們瞻仰祖容。不覺生起無限的欽慕。跪下地來。必恭必敬地拜了九拜。

最後又到玲瓏岩。觀音洞。及仙人井等各處。一一的瀏覽了一下。那種山清水秀。殊勝奇特的風景。令人心曠神怡。幾至樂而忘返。我們遊畢歸來。天色已黑。吃過夜飯。隨即睡覺去了。第三天起來。吃過早飯。就整隊回院來了。

遊天童圓瑛老法師參訪記

研義

我原是住在七塔報恩佛學院。已有幾個月了。前幾天我聽見諦聞法師說。天下的叢林。比較起來還是算天童第一了。開山到現在已有二千多年了。我們大家聽了這話。不覺個個心裡都想去天童一遊為快。沒有幾天。正在上課的時候。法師又對我們同學說。現在天童的住持圓瑛老法師六年住持期滿。又公舉大悲法師為繼任住持。訂於四月二十六日進院。我們大家趁此機會去天童一遊。一方面恭賀新住持。一方面參訪圓瑛老法師。我們大家一致贊成。歡喜踴躍。得未曾有。於是由主講法師的領導。一齊去天童遊玩。我們到處參觀過後。又去請圓瑛老法師的開示。他開示我們道。你們不遠千里的跑到這裡來求我的開示。我是很喜歡的。我希望你們好好的愛惜光陰。努力求學。將來好做佛門的棟樑。現在我們的佛教。就是缺乏人才。無論那一方面。都期待着人才去做事。我主席中國佛教會。差不多有七八年了。在在處處都感覺得人才的需要。你們都是青年有爲的人。切不要流於經懺。被惡習所染。個個立起大志。向着振興佛教的目標走去。我們得了這一番教訓。喜歡得幾乎要跳起來了。這是我們遊天童參訪圓瑛老法師的一篇小記。

遊天童圓瑛老法師參訪記

福經

天童是個浙省的名山。有一天主講諦聞法師說。圓瑛老法師來了一函。叫我們學生去參觀大悲法師進院的典禮。大家聽着都很高興。主講法師便和我們學生一陣塔船去上山。走到嶺下。有座梵刹。大家都在裡面休息了一會。當家師很誠懇的來招待我們。眞是感謝不盡。

又走到半嶺。有個七層寶塔。名叫五佛鎭蟒塔。頂上供有五方佛。在塔上向外面一看。四週的風景。眞是好得很。這種大概也是十方信施建築的吧。我們看過覺得功德無量。

又再向前行去。看着路旁的花啊草啊都欣欣向榮地生長着。蟲啊鳥啊也都很高興很快活地飛着走着。走不多時。就到天童山門口了。聽人家說。有塊先前的古跡。叫做琵琶石。我就用足踏了一下。音聲果然跟琵琶一樣。眞是希奇得很啊。

第二天我們參謁圓老法師時候。他開示我們的法語。眞是圓融無碍。正合青年學僧的機宜。各人聞着都增長了很多的道心。我想圓瑛老法師他能荷担如來大法。普濟衆生。引接後學。報佛深恩。這種眞是不易。我們怎麼不學他的樣子呢。這也是我們愚鈍之故吧。不但愚鈍。抑且不肯勤力苦心去研佛的眞理。故一無所能。眞是慚愧極了。這是我聽圓瑛老法師教訓後的一點感想。故記之於書。

天童圓瑛老法師參訪記

天性

寧波天童寺是東南最著名的首刹。我早想去玩了。直到民二十五年。歲次丙子四月二十五日。才遂心願。原因是去參訪圓瑛老法師。一方面去觀光新任住持大悲法師進院的典禮。

我們由七塔報恩佛學院出發的時候。由主講諦聞法師和糾察師的率領。走到郊外。便望見一片綠色的禾秧。鋪着茫茫的大地。看此天然的風景。我覺得十分高興。

我們走了一陣。將要到天童的山門時。便把衣服穿好。一步一步的徐徐走去。道旁的松樹。蒼老堅勁。好像有幾千年的古樹了。向四週眺望。見有密祖塔。冷香塔。及觀音洞等。歷歷在目。那種優美的景緻。一時也寫不清楚了。

到山門。由新建的天王殿。慢慢的走進便到客堂。吃完茶後。送單休息。第二天參觀各處的殿堂。

由大殿經藏經樓。十八羅漢堂。大寮。東西二禪堂。法堂等。我們參觀完畢後。回寮休息了一小時。法師又叫我們穿海青。去迎接新主席大悲法師。我們一起到山門外。看見諸山長老。及鄞縣佛教會小學童子軍。武裝奏樂。又有警士四名。佩鎗侍護。陪大悲法師一同而來。寺內大衆。整班在山門外歡迎。鳴鐘放炮。禮佛說法。儀節非常隆重。

下午一時。我們同學一同去參訪圓瑛老法師。法師開示我們道。你們青年的學僧。不要貪懶。不要放逸。要發很用功。將來好作後學的模範。使人人參敬禮拜供養你們。譬如大悲法師。他以前用了幾年的苦功。到現在所以請他爲天童的住持。你們如果好些學。將來也可做天童的方丈了。

今天我勸告你們。以後再不要懈怠。好好的去用功讀書。我們聽了教訓。就作禮而回寮房裏來來了。

遊天童圓瑛老法師參訪記

明亮

我們久聽得天童寺是中國數一數二的叢林。開山到現在。已有二千多年。心裏早想去遊玩。今年四月二十五日的那天。午飯回堂的時候。忽然聽主講法師說。圓瑛老法師叫我們去參加大悲法師進院的典禮。你們願意去吧。大家聽了都很喜歡。立刻就收拾行裝。準備出發。

我們到十二點鐘。乘汽船到少白。上山的時候。走到嶺下。看見有一座梵刹。叫德雲精舍。大家都進裡面去休息了一會。當家師很誠意的來招待我們。眞是感謝不盡。又走了不多時。看見有個七層寶塔。名叫五佛塔。頂上供有五方佛像。又有一個幽冥大鐘。一天到晚不息的撞着。走到天童附近的亭子裡。大家穿着海青。慢慢的進天童去了。山門口有一個琵琶石。我就用足踢了一下。音聲果然琵琶一樣的響。眞是一個希奇的古跡。

進天王殿。便到客堂。知客大師。問我們道。從那裡來的。我們答道。七塔報恩佛學院來的。知客大師就送我們到自得齋的樓上去休息。

第二天下午到方丈室去參禮圓瑛老法師。老法師開示我們的法語。眞是慈悲和藹。如同甘露一樣。我們就很喜歡的回寮來了。

第三天早飯後。一起整隊回院。一路談談笑笑。很覺高興。故記之於書。

■天童圓瑛老法師參訪記

月亮

我們報恩佛學院的全體同學們。早就想到天童去遊玩。直到今天才得實現。因爲天童寺新任住持進院。本院主講諦聞法師。亦在柬邀之列。所以他順便帶我們去參觀。一方面圓瑛老法師也曾來函。叫我們去參觀進院的盛典。因此種種因緣。我們早想遊天童的目的。才得達到。

二十五日的下午二時。由主講諦聞法師帶領我們一同出發。到航船碼頭。乘汽船到少白。上岸之後。走了約二里路。到德雲精舍。休息半時。請當家師禮座。因爲他是我們七塔寺的首座。大家吃過茶食以後。繼續上山。走了一會。便到天童街。又走了約若干路。便到天童了。山門口有七座古老殘破的塔。我們從天王殿的左邊走進去。便到客堂。大家排起班來。頂禮知客師。說明來意後。知客師就送我們到客樓上宿夜。

第二日起來各處遊覽一週後。就到方丈裡去請圓瑛老法師參座。老法師開示我們道。你們七塔報恩佛學院的學僧。今天到這裡來。這是很難得的。我有幾句話對你們講。你們大家注意。現在我們佛法已經衰敗了。希望你們青年學僧。要担起振興的責任來。本來佛法的盛衰。全在我們的僧伽。尤其是你們青年學僧。你們大家不要放棄自己的責任。不要忘却自己的立場。我們聽了精神不覺興奮起來。回寮休息一會後。又到密祖塔。玲瓏岩等處。我們站在玲瓏岩上。向四面一望。只見田野中的禾秧。鋪着一片的青色。十分可愛。遊畢歸來的時候。天已不早了。隨即養息了。

第三日早餐後。整隊回院。一路談談笑笑。雖走了二十多里路。也不覺得辛苦呢。這也是一種心裡作用吧。

遊天童圓瑛老法師參訪記

玉緣

我本來是住在報恩佛院的。聽見別人說天童是最有名的叢林。所以我好久就想去玩了。總沒有去成。直到四月二十五日纔遂心願。

上午吃了午飯的時候。忽然之間。主講法師到講堂裏來。對我們全體同學說。今天圓瑛老法師來函。要我們去參觀大悲法師進院的典禮。說完之後。我們就準備出發。十二點鐘起身到汽船碼頭。搭汽油船到少白。由少白一直到天童。一路很好玩。路上四面眺望。風景很好。不一會就到天童。天童的山門外。看見有七個塔。向前走了幾步。便是天王殿。外面貼着祈禱和平。四個大字。從外面慢慢地走進去。便到客堂。吃了一杯茶後。送單養息。

第二天早飯後。我們去參觀各處的殿堂。由天王殿、經過大雄寶殿、藏經閣、東西二禪堂、方丈室、羅漢堂、等各處。最後又到大寮。去看千僧鍋。我們看完之後。休息一下。忽然鐘樓上撞了三下大鐘。主講法師便招呼我們穿海青。去接新方丈。大家一直走到山門外。看見許多小學生。好像軍隊一樣。武裝奏樂。陪大悲法師而來。大衆師都站在山門外。接新方丈。那時炮聲連天。非常熱鬧啊。

午後一時。我們一同去參訪圓瑛老法師。他開示我們道。你們青年的學僧。不要圖安逸。應該忍苦耐勞。難行能行的去學。譬如大悲法師。他也是苦修來的。所以天童才請他做方丈。

我們聽了圓瑛老法師的開示後。心中十分的感激。又一會。主講法師叫我們去看密祖塔。走出山門。不一會便到塔邊。屋有兩進。頭一進供密祖像。第二進供密祖的塔。裡面又有床舖。是密祖睡的。密祖穿的草鞋。總有一尺多長。很希奇啊。我們對着忽然生起恭敬心來。就拜了三拜。回來的時候。主講法師和我們同學說些密祖的因緣。我們更覺生起恭敬心來了。

天童圓瑛老法師參訪記

勝林

四月廿五那天。上午十點鐘的時候。我們過了午堂回來。我獨坐在寢室裡面。靜靜的躺着。忽然法師招呼全級同學都入講堂聽訓。我便連忙走出寢室。還沒至講堂。就聽得法師道。你們大家趕快預備行李。下午一時要到天童去參觀。聽了便回到自己的寮房。就收拾出外旅行底東西。一切都備齊後。搖鈴召集排班。同去者連法師同學共有三十餘人。一同向院長和客堂告假。魚貫而出山門。走到三眼橋底汽油船碼頭。聽到咕咕咕一聲嚮。知道汽船快開了。大家都很擁擠的登那二等艙位。直達少白鎮。一路看的風景。似乎不可以數記。後來下船上山的時候。一面走一面談。我們人數多。說話的聲音。引起山谷的回應。山上的景緻很好。大家更覺得高興非凡。同時途中向四面眺望。只見近處的田野間。鋪着一片綠色。十分可愛。不久到了天童。從天王殿進入客堂。時已暗了。由知客師把我們引到自得齋樓上休息。食飯後便養息了。第二天早上吃了飯時。主講法師問有誰認得眞書記嗎。同學中有一位叫大智。便走出來說我認得。法師接着道。你既認得。那末我和你同去請他來帶我們大家遊覽各處吧。他便和法師走去請他來了。但是還沒走到我們的宿舍。在樓下就叫道。他已來到。大家聽了這話。慌忙的跑下樓來。向他合了個掌。他就帶我們去看寶幢塔。回頭又到法堂和藏經樓乃至羅漢堂等。依次參觀。都似王宮一般的莊嚴美麗。我想從前的諸大祖師。造此刹底時候。不知費了許多筋血和無數的銅錢。才造成個這樣偉大的清净佛地。令十方衆生。在此用功修道。不一會大鐘鳴了三下。接着又聽到一陣的喧擾聲。但是我們不知是怎樣一會事。都你推我擠的走下樓來。到天王殿前。看見兩傍底和尚已站滿了。並且還有許多男女居士。才知道是迎接大悲法師。同時我們全級同學也就加入站到石邊。不一會看見許多童子軍。敲的敲。吹的吹。還有許多和尚和居士。陪着大悲法師而來。吃了午飯。主講法師道。你們快把海青穿上。搭衣持具去參圓瑛老法師的座。於是一起整班到方丈。那時老法師在齋堂裡送新方丈的位未回。衣鉢師請我們等一會。不多時老法師穿着黃海青搭起紅祖衣來了。他站在正上面。我們排在下面。主講法師說七塔報恩佛學院全體學生一起頂禮老法師三拜。他說起具。隨即開示我們道。你們大家看見今日新方丈進院。心中有種什麽感想呢。這時大家靜悄悄的站在那裡。回答不出來。接着又說。諸位要努力求學。將來才可做到大悲法師一樣的地位。因爲大悲法師他在佛教中。幾十年底苦行用功。所以今天才得做天童的住持。如果他沒有這若干年的修持。豈能請他來担任這天童的住持呢。我希望你們努力求學。不要無目的地亂撞。如果不好些求學。將來不但人家看不起。就是在佛教中也難立足的。我今天所說的話。你們記着。我們聽了老法師底開示後。個個滿臉通紅。似乎帶着慚愧心的樣子。我們回到寮房來的時候。我個人就這樣想着。如果將來輪到我們做事的時候。可以拿圓瑛老法師作我們底標樣了。第三天吃過早飯。大家一齊告假回到七塔報恩佛學院。天氣很暴熱。大家回到院時。都現出疲倦的樣子來了。

天童圓瑛老法師參訪記

智根

四月二十五日那天。我們吃過午膳回堂時。主講法師到講堂裡來說。今天圓瑛老法師來了信。叫我們到天童去參觀。同時去恭賀大悲法師進院。我聽了這話。十分地喜歡。我從來沒有到過天童。只聽別人說。風景好得很。我時常渴慕在心中。總沒得機會去玩。今天有此機會當然歡喜了。

那天由主講諦聞法師帶領。到汽船碼頭。乘汽船至少白。起坡後陸行不久。到德雲精舍。當家師是我們七塔寺的首座和尚。他的道德很好。所以我們進去請他參坐。走進門時。他出來歡迎道。你們諸位法師。天氣這樣熱。到這裡來很難得的。請進去喝茶吧。我們便進去大家穿着海青。便請他禮座。到各處參觀畢。當家師又辦出點心給我們吃。吃過道謝便走了。

慢慢地走上五佛塔。回首往下一觀。便望見寧波全城的風景。我想爲甚麼山上要修這座塔呢。原來晉朝時。有條蟒蛇時常出來傷人。天童的密雲祖師顯神通把他降伏了。又修這座寶塔壓在山下。故名鎮蟒塔。

下坡慢慢地走。沿路山景。實在可愛。又走過天童街。遠望高山。茂林修竹。圍繞寺宇。走到門前。有二個放生池。水裡放着各色各樣的魚。門口有個牌坊。上面寫着東南佛國四個大字。坊後有琵琶石一塊。用脚踏一下果有響聲。走進天王殿。靠左便是客堂。我們排班站立。向知客師行禮。知客師把我們送到客房。開夜飯後。各自養息了。

第二天早晨起來。站在樓上。向前山望去。森林青草。花香鳥語。眞是仙境一樣。早膳後。主講法師帶領我們到各處參觀。法堂上面寫着獅子吼三個大字。往後便是方丈。裡面擺着許多莊嚴法器。最後又是十八羅漢堂。裡面墻碑上刻着羅漢的聖像。是竹禪和尚繪的。又從左邊下來。經過上客堂。東禪堂。及大雄寶殿。到了殿中。我就想起了釋迦如來偉大的一生。不覺肅然起敬。便很恭敬地禮了三拜。又到天王殿。前面的中央塑着彌勒佛。向外微微的笑着。玩畢休息一刻。又聽鐘聲響了。我們就出來。和本寺諸師。一起到山門外。歡迎新住持。圓瑛老法師搭着紅祖衣。站在外面。眞是相貌堂堂。不愧爲中國有名的高僧啊。

歡迎新住持後。我們又去參禮圓瑛老法師。到方丈排班。主講法師代表我們說。報恩佛學院全體學僧頂禮老法師三拜。拜後站立。聽圓瑛法師的訓詞。

他說你們諸子現在求學。總要用心研究。不要懶惰放逸。你們看今天大悲法師進院。多麽熱鬧。這是甚麽原故呢。因爲他出家就到金山高旻各方去參學。用苦功。所以現在公舉他到此來做方丈。你們諸位。只要精心研究。將來也可以和他一樣。爲法爲人。宏法利生。作人天師範。聽畢我們就禮謝回寮。

午齋後。我們一起去朝密雲悟祖的塔。塔院有二層。首祖師殿。供着祖師的像。後一層是祖師的白骨塔。我們穿着海青。走上塔前。對着偉大的祖師。很恭敬地拜了三拜。塔左擺着床鋪及草鞋鞋襪等物。都是密祖在生時候用過的物件。大家朝拜回來。休息一小時。開夜飯後。就睡覺了。

第三天早晨起來洗臉。吃過早膳。我們就告假回院來了。

遊天童參訪圓瑛老法師記

寶峯

四月二十五日的那一天。我們過了午堂回來的時候。主講—諦聞法師對我們說。今天下午一點鐘的時候。你們大家預備衣具到天童去參訪圓瑛老法師。說完後我們大家就將衣具行裝備好。鐘點到時。由主講和教員—脫塵—二位法師領導我們。從方丈和客堂裡告假。很威儀的走出三門。不一會的工夫就到了船碼頭。我們在那裡購好了船票。大家等了一會。船到時。我們就跑上船去。坐在兩邊的排櫈上。談着笑着。非常有趣。船漸漸離開碼頭了。我回頭向窗外一望。只見河邊的草木叢林。田園舍宅人畜等等的影像。塡滿了我的視線。經過有三個鐘頭的光景。便到了少白碼頭。我們跑上岸去。沿着目的地的道路走去。不多時就到了德雲精舍。我們在那裡吃點心。遊覽一會。就走了。走到五佛塔山下的那個亭子裡。便遇着有五六個十七八歲的小姑娘。手中拿着手巾。要我們洗面。我們便洗了個面。不多時一個火盤似的太陽。跑過西山頭上。被一朵黑壘似的烏雲遮住了。很像要下大雨的樣子。弄得我們拚命的向前面奔跑。跑得汗流氣喘。這樣經過有兩三刻鐘。才到天童。我們在山門外。穿了海靑。走到客堂門口排着班。知客師走了出來。我們和他問了個訊。他便很客氣的叫我們進去喝茶。就喊照客師送我們到客樓上去了。我們到客廳裡吃了晚飯回來就睡了。

第二天吃了早飯之後。由主講法師。領導我們到各處遊覽。最初走到法堂裡。法堂的中央。有個偉大的法座。法座背後的牆壁上。畫着有個很雄威的金獅。法堂樓上。便是藏經閣。中央塑着一個盧舍那佛的報身。傍邊掛着一副要知三世事。須誦一切經的對子。我們走下樓來。往上面走去。便是祖堂。祖堂的當中。掛着一副開山祖師的畫像。傍邊寫着一副高人主名剎。慧海渡慈航的對子。祖堂上去。便是方丈。我們從方丈左邊的石梯上走了上去。便是羅漢堂。羅漢堂前面的那塊石砰裡。有降龍泉。井裡的水色。非常清潔。我喝了幾口。頗覺清涼。裡面是一排幾十丈長的平房子。房子裡面的牆壁上。刻着有十八羅漢的化身。我們從右邊走了下來。經過有念佛堂和西禪堂。便到了大鼓樓。從大鼓樓的前面走了十幾步。便到了大佛殿。大殿的中央。塑着有釋迦佛藥師佛和阿彌陀佛的聖像。兩邊塑着有羅漢的像。中間懸着有許多幢幡寶蓋等等的莊嚴。殿後有個觀音岩。岩中有九龍吐水。有無畏的觀音菩薩。站在當中。左手執着甘露瓶。右手持着楊柳枝。很像大慈大悲的樣子。我們見了便很恭敬的跪下地來。拜了十幾拜。岩前便是一個水晶宮。宮中有座石岩。岩頂有噴水池。池裡有各種各樣的小金魚。在那裡游來游去。忽浮忽沉的漂漾着。眞是好看極了。岩中建得有座很美麗的宮殿。殿中有彌勒佛和觀世音菩薩的聖像。我們從大殿前面筆直走了下去。便到了天王殿。殿中塑有彌勒菩薩。他老人家笑嘻嘻的坐在那裡。很像得了個什麽的樣子。兩傍塑着有四大天王的神像。手持着武具。威威武武的。坐在那裡。眞像護法降魔的神氣。殿後便是韋馱殿。我們從殿中走了出來。向左邊走着。經過了大鐘樓。及東禪堂。我們低着頭兒。很威儀的走了進去。看見兩傍的櫈上坐着有幾十個禪和子。在那裡很嚴肅的參着話頭。我們走了出來。往上面向左轉了個彎。便到了奎煥閣。閣後有坐石寶幢。上面刻着有許多的小字。聽說是某皇帝送給某老和尚的。我們覽遊了一週便回到客房裏來。不一會大殿裏的鐘。忽然噹噹的鳴了三下。接着山門外的炮竹聲又礶礶的響個不息。聽說是大悲法師進院來了。於是我們便穿起海青。排着班。走到天王殿前的石砰裡立着。這時無論任何寮口裡的板首和淸衆們。都一齊擠到這砰裡來了。炮竹愈放愈多。音聲愈響愈嘵。把一個寂寞無聲的山寺。一時便震動得好像雷轟一般。這時便引起了我的羨慕心來。我想我將來也要作一回像這樣驚天動地的事情才好。歡迎他到大殿法堂和方丈等處。說法禮佛。我們跟在後面聽了一會。便回來了。

吃過了午飯之後。我們搭起衣持着具。便到圓瑛老法師的寶寮裏去參拜他老人家。當我們頂過禮之後。他老人家便說了有許多安慰和鼓勵我們的話。我聽了心裡便生出了一種說不出來的快樂。並且得到了不少的利益。我很希望時常的得親近他老人家。我們參拜了之後。便到密雲菴去參拜悟祖的白骨塔去了。悟祖塔就在密雲菴的後殿。我們到他老人家的靈塔前。很恭敬地拜了幾拜。看見兩傍懸着有副方便門開每把空拳誑小子。慈悲念切常將白棒打來人的木對子。左邊開着有舖。丈餘長的臥床。床前擺着有十餘雙尺多長的新舊不一的羅漢黃鞋。當家師告訴我們說。有幾雙是他老人家在生的時候穿過的。有幾雙是後來才做給他老家穿的。這舖床是做給他老家晚上回來睡覺的。這盆清水是給他老家早上起來洗面的。我們參禮了之後。就回來了。走到山門外。向左邊轉了個彎。便走上後山上去了。走到玲瓏岩。岩中有一座宮殿。殿中供着一尊白玉觀音的聖像。我們在那裏休息了一會。又往上面走着。經過有貞壽橋。甲壽泉。甲壽坊。盤陀岩。悟心洞。天然台。羅漢洞。飛來峯。仙人井等處。便到了觀音洞。洞前有座水月亭。亭前有拜經台聳立着。我們跑到那台上去玩了一會。便下來了。正走到羊腸鳥道的險處時。有個不小心的同學。—廣師—脚上穿着不穩的鞋子。滑了一下。樸的一聲。便跌倒了。一時嚇得我們手足如僵。挽救不及。如果不是那顆小松樹。把他攔住的話。便滾到那千仞的岩谷裏去了。這是多麼危險的一回事啊。

天童育王遊記

覺地

我在學院。天天跟着同學們上課。有天午飯後。忽聆着主講法師說。天童退居老法師來函。叫我們去遊玩天童。你們一切應用的物件。準備好。至下一點鐘。就要起程。

我們同學們。忽聞這話。都很歡欣地讚成。鐘點至時。全體同學往客堂向知客師請假。那時知客師出來告訴我們。威儀要留心的話。

我們由主講法師的領導。至船碼頭。等了一小時。才得上船。船至少白。起陸而行。一路的談笑。很是和悅喜樂。抵德雲精舍。休息小時。該舍主席辦茶點給我們。我們到處參觀一下。眞是一個山靜人聲小。林深心地閒之妙舍也。

再告假直上天童。走至嶺上。有一座寶塔。眞是壯麗可觀。原是天童退居文公淨公二老和尚所重建的。嶺下有一小亭。憩息小時。喝茶洗面。直至天童山門第三亭。舉眼一觀。那松竹很茂盛。眞是使人們起遊樂之感了。進至客堂。我們排班頂禮知客師後。知客師便送到御師樓。晚餐後。即養息。明天早膳後。知客師來引導我們參觀各堂口。和各處古蹟。一一參觀。一切房屋很是齊整。到九點多鐘。新方丈進院。全體大衆們都聚集在山門外。誠待迎接。火炮連聲不斷。眞是熱鬧得很。同新住持來的。有覺民小學校的音樂隊。又有許多男女居士。誠盛舉也。

午飯後上方丈參禮圓瑛法師。法師開示我們很多的話。記不淸楚了。又一會去朝密雲悟祖之塔。觀其古蹟。眞是令人感覺奇特。我們個個將他鞋子拿來頂在頭上。表示十二分恭敬。回來又看圓瑛法師的塔。塔之工程尚未完。下山時。有個同學失了步跌了一下。身上的褲子都染了泥土。再走數步。我們便分開二班。有的去老天童。有的去觀音洞。我便跟着教授主任去看老天童。及八指頭陀的塔。看完後回堂養息。

第三天早餐後。一起至客堂。排班告假。下育王參禮舍利寶殿。至育王客堂。行禮如儀。知客師接待我們在客舍喝茶後。各披衣帶具。詣舍利寶殿。恭禮舍利。舍利寶殿。莊嚴美妙。所謂莊嚴塔像是也。午後收行李。向客堂告假。由育王站。乘汽車回寧波返到本院來了。

遊育王參禮舍利寶塔記

寶峯

我們參禮天童圓瑛老法師回來的那一天。—四月二十八日。主講—諦聞師法順便的領導我們到育王去參禮舍利寶塔。我們走到路上。一面走。一面談。不一時便到了。我們在三門外穿好海青。走進了新建的天王殿。看見裏面塑着彌勒菩薩和四大天王像。

比天童是要高妙得多了。裏面的一切。都如水晶一般。非常的光亮。我想這座雄偉燦爛的寶殿。若非菩薩的感應。是不能成功的。我們走到客堂裡。向知客師頂了個禮後。他便送我們到客廳裏去了。我們喝了茶。洗了面。歇了一會。便參禮舍利寶塔去了。走進光明殿前。看見有座光明燦爛的舍利寶塔和釋迦牟尼佛在娑羅雙樹下。示現涅槃的臥像。我們便很寂靜底跪下地來。誠誠懇懇地禮了幾拜。後來由殿主師請起寶塔。給我們看。我們看見的都如黑墨一般。唯有一位十五六歲的小同學。他看見的是一顆通紅的珍珠。我想他定是有根機的。不然的話。爲什麼有許多下過幾十年苦工的老修行。都看不見有什麼顏色示現呢。他爲什麼能見這樣顏色的呢。我們參禮畢。便回到客廳裏來了。

午餐後。由法師領導我們在該寺遊覽了一週。便從育王站搭汽車回來了。

溥常老法師七秩大慶傳戒記

了達

原夫我佛之垂化也。道濟百靈。慈育萬有。故法說四十九年。經談三百餘會。法門無量。教義重重。要以宏道利物爲旨歸耳。而其修習次第。則以三學爲要素。三學者戒定慧是也。由戒而定而慧。則道無不宏。物無不利矣。戒者何。防非止惡之義也。定者何。息慮靜緣之義也。慧者何。破惑斷疑之義也。此三者實入道之門戶。成佛之關要也。而三者之中。尤以戒爲最要。此世尊之所以始自鹿苑。終至鶴林。諄諄教誡。叮嚀咐囑者也。吾國初無傳戒之說。至唐麟德二年。勅命道宣律師於淨業寺開壇說戒。利樂羣黎。而傳戒之名。於是乎始焉。其後海內叢林。繼起效法。大闡戒旨。至今益盛。然一觀其傳戒日期。或一月兩月者有之。十日八日者有之。但無論期之長短。時之暫久。惟然香之日。必依佛誕良辰其揆一也。考其然香之意。所以本藥王菩薩焚身供佛之誠。而表己之誠敬也。故當春夏傳戒然香者。必在四月八釋迦誕日。秋季傳戒然香者。必在九月三十藥師誕日。冬季傳戒然香者。必在冬月十七彌陀誕日。茲我七塔擇期臘八傳戒然香者。良有以也。余曾考七塔寺自中興慈祖老和尙於光緒丙申丙午兩次傳授大戒後。迄今幾三十年。不復舉行傳戒之盛典矣。民國甲戌之秋。本寺檀越戴氏。皈依三寶。篤信佛法。觀七塔之宗風。欣然生慕。贍溥公之道範。油然起敬。於是樂施鉅金。倡演毘尼。恭祝溥公七旬大慶。藉以普利人天。溥公見其供佛心殷。爲法心切。義不容辭。允其所請。始備報單。通告四方。凡有發心來寺求戒者。無論緇素。免納戒費。並成就三衣鉢具。於是求戒之四衆弟子。紛至踏來。雲水之大德高僧。源源不絕。偌大叢林。幾有人滿之患。齋堂宿舍。遂成問題。特將齋堂前之階道。與大寮後之空屋。改作臨時齋堂。又將土木工匠之臥室。及佛學院講堂寢舍。概作求戒四衆之宿舍。迨至冬月一日開堂。延請普陀後寺住持學老和尚爲正訓。覺梵諸師等爲副訓。從此每日領導新戒。演毘尼。教儀規。出恭入敬。井井有條。見者無不歡喜讚嘆。並請智圓老和尚爲羯摩阿闍黎。圓瑛老法師爲教授阿闍黎。念六日。三師臨壇傳授沙彌淨戒。是日銀燈玉燭。燦爛輝煌。奇香異花。微妙清潔。而三師之圓音。妙味無窮。有如靈山一會。儼然未散。誠盛舉矣。次日五觀堂內。乞戒弟子。習食鉢飯。善信男女。前來參觀者。人山人海。頗形熱鬧。臘月三日。請三師及七證阿闍黎在法堂用十師齋。旋於三聖殿內。禮請十師陞座。傳說比丘大戒。四壁懸掛滿堂佛像。陳列各種法物。種種莊嚴。眩目賞心。初六初七兩夜。然香供佛。是時新戒六百餘人。胡跪合掌。仰對佛前。無不誠誠懇懇。一心稱念南無本師釋迦牟尼佛。懺悔業障。希增福慧。次晨又請三師上壇說圓滿菩薩大戒畢。即齊詣規堂應供。食七寶五味之粥。即俗所謂臘八粥是也。至此三聚淨戒。於以演畢。一場勝會。告一段落。回憶開戒期間。歷時數旬。雖在隆冬之際。而天色清朗。氣候溫和。似乎天其有意助此勝緣也。全寺僧衆。護法男女。計有千餘人。而內外安寧。上下和睦。苟非溥公道行高隆。曷克臻此。羯摩教授尊證開堂諸大德。皆屬當代高僧。一時上座。皆能惠然蒞臨。輔佐法會。豈非溥公之德不孤必有鄰者耶。竊以本寺廿餘年來。未經傳戒。一旦場開選佛。大闡毘尼。匪特七塔宗風爲之一振。即甬江之佛化增添無限光彩。余於是喜而爲之記。以志不忘云。

七塔寺西方三聖裝金感言

慧藏

浙江寧波市有一座七塔寺。是在歷史上很有名的叢林。大概是在唐朝時候開山的。凡是到過寧波的人。誰都知道的。無須我來曉舌了。

自開山以來。經幾興廢。直到有清光緒年間。纔由慈運長老一手中興起來。站着五十年來甬江佛化史上很重要的一頁。

慈運長老是湖南籍。苦行卓絕。道德深高。興了不少的地方。而七塔寺尤爲他一生精神事業之所在。

三聖殿在大雄寶殿之後。彫樑畫棟。建築雄偉。內塑有西方三聖立像。高長二丈有八。眞是莊嚴高大。壯觀得很。

可惜年深月久。殿宇一天天的陳舊了。西方三聖的金身。也一天天的變態了。現任的住持溥常老法師。見了這種現象。心中有些不安。便發心來重新裝修。於是招集本寺法門。及寺中執事。開會討論裝修的事情。當時提議的時候。有許多人還以難言相阻。幾於不能進行。可是溥常老法師。當時對衆宣言說。我既已發了這心。不能失信於諸佛菩薩。無論如何困難。總要隨力做去。我盡我心成敗利鈍。在所不計。結果終於被他做成功了。

現在殿宇內外。完全用硃漆重新漆過。高長二丈有八之三聖佛像。也全部用金裝過。

據說此次之裝修費。約需五千餘元。這是很不容易的事。古老之殿宇和聖像。又煥然一新。如初建時的一般莊嚴。這件工程。雖不能與開運河築長城等相比較。然而溥常老法師的本願。可算圓滿。而其功績。也算萬古不朽了。

七塔寺溥常老法師參訪記

慧藏

一個風和日暖的天氣。我從上海特地搭「新江天」快輪。到我從來未到過的寧波來。目的是爲着參觀七塔寺。同時來參訪溥常老法師的。所以街上的一切。我都沒有留心細看。只是向着目的地走着。

原來馬路直通寺的三門口。我到門口時。便將衣服整整齊正。鞋子上的灰也弄弄乾淨。威威儀儀的走進客堂去。知客大師以爲我是來掛單的。向我大聲說道。「你從那裡來。來此地幹什麼。」我在此時心中實在不高興。但是目的地已到。所以只得低聲答應道。「阿彌陀佛。知客大師慈悲。我是從上海特地來參觀貴寺的。聞說此地有一位精通教觀。熱心教育。年高德卲的—溥常老法師。—我特來親近他老人家的。……」知客大師不待我說完。便轉過一副溫和的臉來說道。既然如此。我便引你去參觀吧。於是便帶我去參觀各處了。

我一面跟着走。一面暗自想着。「唉」這位知客師眞是奇怪。爲什麼先猙獰而後慈悲呢。是的不錯。理應如此。因爲現在的出家人。大多數太不正氣。壞的太多。依我國僧民統計表計算。約莫也有八十萬和尚。然而確實能知道做和尚的道理。能遵守佛的戒律的。微乎其微。這並非我貢高。因爲事實本是這樣。所以一班在職之同袍們。不能不將嚴厲的淸規。來糾正他們的行爲。因此各叢林的客堂。大都如此。豈但七塔寺嗎。

整個的七塔寺。差不多快要遊畢。最後一個去處。便特別不同了。知客大師。將我領進去的時候。我無意中舉眼一望。看見正中懸着一塊金字的匾額。寫着「方丈」兩個大字。「啊」原來此地便是我目的地—溥常老法師—的丈室哩。這時候我眞是萬分快樂。一位道貌堂堂。精神奕奕的老和尚。躺在一張眠椅上看書（大約是禪林寶訓。）我此時便有三分猜着是老法師了。這時知客大師在旁向我介紹說道。「這便是溥常老法師。

我便很懇切的拜了三拜。恭敬合掌的向老法師道。弟子久聞老法師的道風。但是業深福薄。總沒有機會來禮座。今天特從上海到此地來給老法師禮座。請老法師慈悲。開示我幾句法語吧。

老法師對我說。「你們青年的人。第一要知道自己的責任。什麼是你們的責任呢。現在時當末法。社會上的一切。都已壞到極點了。吾等出家人。亦復如是。你看出家的雖多。能知道自己責任。能做出家之事的。究有幾個呢。這種病根。是由於缺乏教育的緣故。你們現在青年的人。是將來佛教的主人翁。將來佛教的盛衰。全係於你們現在的青年。所以你們認淸自己的責任。應該努力的去從事學業。如善才之南詢。常啼之東求。藥王菩薩之燃臂。普明大士之刎頭。慧可二祖之斷臂。這些都是你們求學最好的榜樣。應該去效法的。

我又問道。老法師住持七塔以來所舉辦的寺政。可否告我一二嗎。老法師說。我自從接任住持以後。即致力於修寺誌。編宗譜。立萬年簿。擴充學院。禪堂坐香等諸事。現在均已次第實現。這是堪以自慰。並堪以告人的事。其餘的沒有語人的價值。恕我不能一一作答呀。

這時候時鐘噹噹的鳴了九下。正要吃午飯了。我也就只得作禮而退。

現在我已經是報恩佛學的學僧了。三月以前所訪問的經過。還是沒有消失。今天因爲是放香的日子。所以特地將他記錄出來。但是沒有層次及系統。這也是不會做文的苦處。請大家原諒吧。

叢林祝釐取消辨

溥常

近聞諸方首刹間有取消祝釐者。亦未得的實。姑不妨與閱藏諸同學辨之以自省。我中華變政。毀皇帝行宮。拆寺觀龍牌。原出於專制太酷。人民恨急。抑亦消息盈虛天理使然乎。不意僧界中人。名稱方外。竟附會其說。果是藉故怠慢。或者識量未及過歟。自古清規。聖節祝釐。官憑給由。景命善月。朔望雨晴。祈禳必誠。爰我佛道之大同。有裨聖王之至治。實竭愛國眞忱。豈專皇帝一人。要知國以民爲本。民以國爲家。一家誰無主。無主何爲家。家必有主。國必有君。斯明極矣。皇帝君主也。總統民主也。主名之變更。的在權勢之競爭。究竟於國家之本體。又何有損減毫末乎。本體者民也。故曰國以民爲本也。吾儕徒爲國民一份子。秉如來大中至正之道。悟明佛性。歸乎至善。發揮妙用。超乎至神。導民於無爲之化。躋世於仁壽之域。欽惟國朝優遇。不以世禮相待。重其道也。如何吾徒。不以吾道之至誠感其內。而反以外之權勢虛名爲向背。其居心安在乎。曾見上海報章。耶教開會祈禱。各界下旗表敬。近觀南北權利鬪戰。罔知生靈塗炭。固斂天理良心。安望修齊治平。定爲同業所感。必冀神明默化。藏經云。毘沙門天王。每歲巡按四部。正五九月治南。尅期雲集僧衆。理宜誠心懇求。更須逐日祝讚。每飯不忘。庶幾有益於世道人心。決定獲社會歡迎。壇那信施。斯無負負。或曰功課祝願足矣。何拘拘於朔望節例。噫正眼看來。虛設故事。未思至理。缺少誠意。感應道交。斯言何徵。請讀百丈古規。正理昭彰。以是而知諸佛妙用。眞俗圓融。被俗之儀。不壞假名而談實相。悟眞之法。必由假相以闡實性。正法華所謂。是法住法位。世間相常住也。强辯至此。祝釐果否取消。請同學諸君。明以教我。糾正是說。藉以抒維持教道之微意焉耳。

教產共和說

溥常

昔我佛世尊。出世月邦。創立教法。以爲一大事因緣故。咸令法界衆生。開示悟入佛之知見。則以純粹道德爲主。食息財物。悉聽護法。捧鉢行化。古佛遺式。緬甸暹邏猶尊舊制。然而中華佛教形式迥別。百丈立淸規。馬祖興叢林。或化主專司。或限期分衛。藉顧老病艱步。何有少年坐食。不意人格漸低。宗風日變。或積鉢資以創置。或由損施而坐食。或營靜室以別居。或愛徒眷而私購。積久弊生。皆是各菴僧衆自圖肥厚。不愛教宗。直至今日。愈趨愈下。然法流東土。自漢以來。歷代尊崇。因果明白。滿淸末年。橫行侵奪。揣其原故。在不知公益之佛子。教育不興。寺產何益。皮之不存。毛將安附。我佛應供。正可常思。近今列强雄峙。文明進步。政教分權。共和政體。社會發達。江亢虎先生組織社會黨。提倡財產共和。仿效僧界大同。雖未實行。正在鼓吹。二三十年後。民智大開。定生效果。我僧界固有之模範。何忍藐視。當從佛法大局一方面著想。固結團體。注重遠慮。藉此教產之餘蓄。正好扶植人材。弘通教道。切毋謂守此產業。許多艱辛。忽然公用。抱憤不平。獨不思我僧家建寺置產。原爲興教結緣。若徒自溫飽。難逃公論。并部文宣布寺產爲主體。僧衆爲客體。而本會章程。又有監督交替管理之權。豈肯任其自私自利。置公益於度外乎。自後會務進行。學校開創。學生知識開通。必悔悟往日寺產之被侵吞者。原由各人顧私。不集合羣類以失敗也。將來我二十二省教產共和之問題。決定發生。可以預料者。西藏喇嘛與內地大刹。可爲龜鏡。昆明諸山。能破除意見。首先爲教產共和之模範。政府曾經核准。聲譽昭著。令人欽佩。如果徒顧目前區區。棄金擔麻。眞可惜哉。眞可惜哉。

佛學借鏡序

溥常

曠觀宇宙間之事物。皆有至理存焉。經云如來常說。諸法所生。唯心所現。一切因果。世界微塵。因心成體。吾人處此五濁惡世。環境逼壓。欲求其明自心。見自性。解決人生問題。將誰與歸。黃君燧元。教育界鉅子。投筆從戎。偕親善內子。生信仰心。皈依三寶。棲心淨土。於慘殺無辜之過渡時代。誠爲人中芬陀利。曾經研究內典多年。發大誓願。有佛學借鏡一書。正清凉所道。以聖教爲明鏡。是學佛學之初步。順事兮聊分借借。亦不借借。屬余作序發刊。欣然喜悅。斯時也。現將軍身而爲說法。竟不覺自愧老朽無文。爲苦海樂法者勸。沙門溥常謹撰

華嚴綱要淺說後序

溥常

我佛如來說經有小大不思議解脫者。淨名也。華嚴也。此之解脫。既云大不可思議。即是非思量言議之所企及。所以清凉判此。乃圓教中之別教一乘。爲事事無礙法界也矣。試觀海雲比丘。住海門十二年。以大海爲其境界。時彼海中蓮花座上如來。申右手摩頂。演說此普眼法門。受持讀誦。憶念觀察。假使有人以大海量墨。須彌聚筆。書寫此一品中一門。一門中一法。一法中一義。一義中一句。不得少分。何况令盡。溥常述此綱要淺說。安敢於佛法大海中沾一滴。實迫於諸子僉請。及近世潮流所趨向。歐風東漸。有唯心唯物之派別。以我毘盧如來成道。首說此經。性相圓融。廣大悉備。法界緣起理實因果不思議爲宗。堪爲科學家之歸宿。始知大無畏神者。惟我佛陀

一人。故作此引導火線而已。庚午國曆十月十二日擱管。至大盡止。屈指十八日草說。時遭脚痛生濕。相似跋足。成爲行解不相應之現象。吾實滋愧。追憶民國十七年戊辰九月一日。由本寺担負經費。開辦學院以來。承覺住持及兩序公舉認主講兼院長事。逐日陞座講說。學僧二十餘員。乃三寶最吉祥地。至十九年庚午十一月三日圓滿。再得吉祥草三瓶。開花十朵。貢獻講堂。作偈四句。三聖圓融妙吉祥。花開朵朵供中央。法筵海衆皆微笑。日照高山滿十方。令諸學子賡和。以誌法喜。如此囈語。成就夢中佛事。亦有號夢忍行者。附此以博一噱。特述顛末序於後云

夢佛供像文

溥常

我釋氏佛像。原於優闐王。初刻旃檀。波斯匿始鑄金質。世尊與之授記。當來應供利生。於是人民乃有供像之設。適余年十五時。患目疾。吾父敎勅。上疏觀音像前。許願喫素。且時讀善書。所云至心稱念阿彌陀佛一聲。能滅八十億刼生死重罪。遂卽發心默念。至年二十七。値觀音誕日。薙髮爲僧。始依蓮池西方願文。念佛更切。民國

紀元春。辭退金陵毘盧寺住持事。承雲南僧界之邀。組織滇藏支部。開辦學校。五年首夏。幻住公園。南詢古剎。「即今三官殿」夜夢至一小廳。光明如晝。中央站立阿彌陀佛。高大過於常人。隨跪蒲墩。稽首默祝。早晚發願見佛。今得見之。欣幸奚似耶。是時恍有醫生。視立像右脚。我即轉念。曾於此脚跌傷。可能醫治否。及醒。眼見私室佛像前。燈光輝煌。始覺夢中幻境。其信耶。其不然耶。迨六年夏。由滇渡南洋梹榔嶼極樂寺。到鼎峯長老精舍。見彌陀站像。高四五寸許。銅鑄金裝。相好端嚴。令人愛敬。余喜極。戲謂長老曰。是我所供也。長老驚異曰。我由福建來無長物。惟供奉此像。奈何如斯云云。當即答以上所夢。一笑而訖。他日又歡喜而來。曾見我房空虛。笑談頃刻即去。還送彌陀立像至。捧上佛龕。余乃喜出望外。燒香禮拜。始知前年所夢。乃先兆也。長老叮囑曰。汝當發願。求生西方。余即頂禮答謝。誓盡形壽供奉。普度含生。同報佛恩。近讀紫柏集。妙光居士請蓮池老人所供彌陀立像文。有舟子感夢至再。船不載人。以待佛至。迎像者異之。余於夢中見佛禮拜。覺時捧像供養。與居士見像迎請。舟子夢佛船載。如出一轍。然其夢覺雖殊。要之不離於意識則一也。淨業行者當以唯心觀之。鴈過長空。影沉寒水。未始非一法之所印歟。余年六十有一。觸露前境。親濡筆而書之。

觀吉祥花記

溥常

凡水陸植物品類。四季競放爭妍者甚蕃。然其間亦有不應時而開者。僉曰奇異焉。民國己巳年。雙十國慶日。余主講室前花台。從事報告曰。三瓶吉祥草。花開五朶甚奇。覺長老見而笑之。曰奇怪。吾前年開花一朶。有徵驗焉。余曰果然。異日王守坤君來。亦說我曾見母舅家有此休徵者。余閱植物書。屬百合科云。此草不易開花。必是主家喜慶。故以吉祥爲名。噫異哉。栽草多年。未見抽穗。而今有此。抑亦華嚴大經所在。爲三寶吉祥地之預兆乎。乃不覺怦怦然而心許之。隨擬題曰。觀吉祥花記。令學生作文誌喜。王君亦欣然讚許。即呼從事者。捧花瓶至學院。拈粉筆書題於黑板。當時學生德藏。即向丹墀花台檢看。亦有三瓶開花五朶。諸生歡悅擁觀曰。希奇希奇。咸嘖嘖不已。余熟思之。去歲主任教務事宜以來。講演華嚴大部。現相品云。如來面門齒間放光。十方海衆雲集。及眉間放光。右繞足下入。爾時佛前大蓮華。忽然出現。乃通表所詮佛華嚴故。賢首約義釋云。華即是事。舉體同眞。十玄十對。一一圓收。然此草花。瓶六朶十。恰似六相十玄。表顯法界圓融具德。十十無盡。亦云奇矣。斯時也。夏歷重九。正當講演賢首品。會主文殊。名妙吉祥。及升須彌頂品云。世尊不離樹下而升須彌。帝釋即置普光明藏師子座。憶念過去佛所。種諸善根而說頌。迦葉如來具大悲。諸吉祥中最無上。再則曰。是故此處最吉祥。句句連接。約成十十無盡緣起法門。不意主空神。又有此頌言。佛身如虛空。無生亦無取。無得無自性。吉祥風所見。如此天然巧合。亦更奇矣。溥常自光緒二十五年。歲次己亥。即參九華山翠峯華嚴道場末座。中國講此經者。實爲第一首創。當時覆講十回向品。譬如眞如百門。同學嬉喜獎許。及在金陵。親近赤山老人。曾與月霞法師同志。組織華嚴講座於毘盧寺。忽遇革命中止。今日報恩佛學院法會。雖非晉時之雙童現瑞。而親見此衆口說異。比觀時世之潮流。形形色色奇奇怪怪者。又將如何著想。然達觀之士。輒曰夢中說夢。非幻成幻。當付諸一笑。又何奇異之有。余乃點額自愧。老朽無文。姑以筆記。請看他日吉祥者。

評論處置僧尼寺產書

寧波時事公報。陰曆六月初一日莊崧甫先生向政治會議提案。第六條云。（處置僧尼寺產僧尼同屬國民故不宜任其自外亦不容有所歧視）此說既云不宜任外歧視。而單獨處置未干犯法律之寺產。此言似近矛盾。孟軻云。民無恆產則無恆心。故辟邪侈。無不爲己。及陷於罪而刑之。是罔民也。古者仁人在位。無罔下民。制民之產。與三民主義相符。而今竟無端處置之。其於人心濁惡何。（老者應給以養老費）此說即尼父所云老者安之是也。（少壯婚嫁聽其自由。撥給相當寺產。但須改習正當業務）此說以簡直言之。一棒打出。三寶滅盡。然雖三武滅佛之威勢苛厲。恐終難稱。三武之痴思惡念可笑。看今時僧界繁盛勝昔。獨不溯思佛祖釋迦捨金輪位。刖耶輸妻。雪山六年苦行。夜覩明星悟道。原爲救正人心。輔助政治不逮。教傳大千世界。見聞皆獲利益。孟軻氏云。善教得民心。正此謂也。以是之故。善信男女。剃髮出家。具三寶相。稱衆中尊。作福田僧。受人天供。況投入佛門。原自信根本清淨。發誓願而來。時不能保守佛戒。亦許其捨戒還俗。律藏明文可考。毫不彊迫於人。又豈有眞實僧尼。聽說婚嫁自由。翻然昧本初心。壞比丘僧相。作佛門逆子。纔出於汚厠。而返入於汚厠乎。近觀日本佛教之親鸞。倡始淨土眞宗。此等魔說。只可以臭薰倭國。閱彼史册。當作嘔然。考察日本之天台眞言禪門淨土諸宗。皆奉持佛戒。我中華爲文明國。觀乎人文以化成天下。不幸有此論說。而沾汚青史。殊令後來有識者。拍案臭罵。淺見之士。眼看末法僧尼以四攝法度生。跡近流落。難免譏嫌。不知古德云。大護法不見僧過。在深達佛理者有之。而未曾研究者。無怪乎以僧尼之外表。見惡社會上人。當護法而懲戒之則可。逼令婚嫁自由。則切切不可。比丘僧尼以利生爲事業。宏法是家務。世間業務决難超過。而返曰改習正當。眞顚倒極矣。（一切以祝念斂錢等行爲概行禁止）此說是明朝朱太祖早有此禁例。見解惑篇及金陵雜誌寧波街市招牌祝念。俗呼念盤做佛道經懺以營生。禪門古寺大刹。名譽昭著。供佛齋僧。施主作福。說法禮懺。攝化門事。財施法施。等無差別。豈可以在俗之假借斂錢。而肆口移害於清淨梵僧乎。（不准收買幻僧幻尼）此說太過慮。僧家慈悲救苦救難。秉諸天良。有何不是。政治社會。改良發達。貧民學校。養孤兒院。各地遍設。不須禁而自禁。但習慣上。小孩難養。父母向神前許愿。得撫養成人。知恩報恩。情愿投佛。恐難逼壓。如果强梗不准。則法律上之信教自由。身體自由。又大相違背矣。（原有寺產除相當分給僧尼外其餘作爲地方公益僧家承受寺產應納相當遺納稅）此說太苛刻。相類於白晝攫金。恬不知恥。佛祖釋迦文。三大僧祇刼。難行能行。難忍能忍。博換此清淨法界。廣大悉備。啓九界衆生所皈信。龍天欽敬。施利豐厚。經云如來毫相光中。一分餘福。令後來子孫。享受無盡。此僧尼寺產確承如來餘福。亦由僧尼苦心積蓄。能有此等寺院清淨。範圍闊大。衣食俱知足。不受外魔驚駭。常得內心淡泊自在。辦道無慮。苦惱衆生。一見眼紅。聲聲慪意。情迫使然。請勸諸君。返觀自省而後可。或謂寺產由募捐。應當分開。然募捐者僧耶俗耶。既是僧乎。經營貌似營業性質。應同國民待遇。不容歧視。然而實際上。心量大不相同。僧爲三寶之數。既由信仰三寶募捐而來。即是三寶所有權。常住三寶物。如護眼中珠。侵吞毛骨債。顯報最可怕。古佛垂誥誡。因果當不昧。何得越俎代庖。以原有寺產相當分給僧衆外。其餘作爲地方公益。僧爲佛子。仰體佛德。以救世利人爲懷。一舉一動。無不以公益爲應盡天職。造殿宇。修佛像。置僧產。辦善舉。代施主種福報恩懺罪遷善以公濟公。僧無私肥。若有私肥。安得各省府縣寺院巍峨。古蹟常存。僧衆濟濟相續不絕。某地寺院著名。某地社會光榮。夫豈必待俗人攬作公益以分肥。始可名曰地方公益乎。有熱心愛國者。當清夜思之。古時僧受俗供。今日俗人反索僧財。今不如昔。其意何居。更有將原來自主之僧產。經政府分配。應納相當遺產稅。嗟乎古時仁人在位。無罔下民。竟不能再見於今日也。斯時人心之濁惡極點。民亂民害民死。而欲求一片清淨土。不可得。嗚呼痛哉。含淚書之。

丁酉秋九七塔寺監院道清募化齋米索偈四則普請諸大護法多多心照爲感

岐昌長老遺稿

江東七塔苦叢林。唐代開山及至今。歸手吾師重興復。兩廊殿宇列森森。

兵刼之中一寺留。當知勝地有來由。衲僧千里常雲集。齋口無粮怎得修。

莫道十方施主無。游僧誰識假浮圖。從來喜捨恩須報。減口分齋到我廚。

如今通告訴眞衷。勸化齋粮濟我窮。更請僧來看佛面。壽山福海此心中。

即事悲懷偶占七絕四首

岐昌長老遺稿

辭親割愛早離家。回首西山日已斜。生死關頭事未了。那堪傍柳與隨花。

一生最怕入公庭。恪守清規日誦經。可怪隣封波涉事。忍教兩耳驚雷霆。

世間宜假不宜眞。都被野狐累及隣。誰是

個中具眼者。月明林下訴原因。

勘破塵緣去住山。淸香貝葉自消閒。相交除却風和月。閻老也難到我關。

重遊南海禮大士有感　前人

慈悲到處現金身。何獨梵音紫竹林。惟願人人親見得。不願渡浪一番心。

浪能拜佛佛同流。晝夜滔滔滌我愁。老衲雙雙洩杖過。問他曠刼幾生修。

千步沙灘浪潑天。聲聲激得我心煎。欲得跳入波濤去。要見其中誰使然。

峨峨磐石出山來。特為普門作講臺。昔日二龜聽法後。霍然脫殼離塵埃。

步陸放翁自規原韻　溥常

雪山苦行是何人。自愧當思莫記貧。粗飯布衣施主汗。淸心寡欲比丘身。浮生夢幻空勞力。着意經藏必有鄰。欣賞寒梅香撲鼻。殘冬方過又新春。

辛酉元日五律

歡飲屠蘇酒。徽陽始布春。談經席欲奪。化鶴過凝神。五木香湯浴。三朝物色新。遊人登佛殿。聞梵樂天眞。

人日偶詠五律　溥常

交情猶素白。惟德乃成鄰。極目登高望。知心道宿因。同岑苔本異。淡水味嘗新。値七靈辰日。題詩寄故人。

和德山大師憶母原韻

維新時世莫長歎。母難思親好德山。滴血若華聲哭啞。鄰居輟事涕流乾。釋迦宏戒慈悲普。尼父養生菽水歡。禮塔誦經誠孝感。嫉僧惡俗也心寒。

冬臘偕友閒遊　溥常

端居無事坐蓮房。鬧市閒遊亦漱芳。季覺冬春如隙過。年論新舊兩奔忙。推遷日月人天事。浩蕩山河草木藏。狂客相逢何誕放。江橋一望盼流光。

憑欄晚眺　溥常

閒步平樓上。江山一覽收。空懷千古事。枯骨滿荒邱。得意春風笑。無情野鶴遊。相邀狂客至。細話寫心憂。

春夜感懷　前人

喜看平沙逐浪鷗。故鄉空憶枉低頭。黃金寶地隨緣住。白玉氷心莫計秋。顛倒四生誰救苦。了然一句我忘酧。袈裟下事橫担去。碧眼胡僧笑未休。

以七塔爲題　前人

傳燈無縫塔。卓立四衢前。寺建江東地。僧遊極樂天。路橋橫水直。船客寸心懸。所對菩提樹。共談不二禪。

中和節　前人

人道勤勞作。一年計在春。光陰須愛惜。事業更清新。官長進書勸。民間釀酒陳。中和歌大有。衲子樂安平。

祝智圓退居六句

鏡台高築認心眞。巧把塵勞德潤身。七塔曾經開大冶。四明久駐憶前因。魔强法弱撐持過。明月清風伴侶親。且盡南山延壽考。人間花甲乃彌旬。

滄海桑田變態多。大悲誰肯隱巖阿。莊生齊物還成夢。李氏葆眞難免魔。松柏歲寒清節操。市塵俗務念摩訶。吾儕慶祝今時少。頭白蒼蒼幾老哥。

遊九仙觀步潘來原韵

吾遊南嶽山。參師來訪道。乍過水簾洞。古蹟任意考。再往九仙觀。福地淨洒掃。羽客一二輩。髮白無所禱。接見款杯茶。深塢有幽討。三丰修煉處。岡巒相環抱。隣近洗心泉。請嘗恒春草。天監年建立。巖棲未苗稿。九眞飛昇跡。靜觀勿露爪。遺世高尚流。最愛此山好。即今須三思。自古空四皓。且呼投機子。餘年終養老。

遊祝融峯

衡嶽名山七二峯。祝融高出似飛龍。上蒼靜鑑無私照。殿宇宏開撞梵鐘。士女燒香登絕頂。名賢養道落芳蹤。天晴喜望羣巒翠。四面湘流洗我胸。

遊廣濟寺

余於古六月十八日乘輿三人見淨大師引導上山先到此寺悅廉長老同謁前七塔寺住持僧駿

遊峯先過嶺。深塢寺羅靑。古木撐天翠。

故人墓地靈。剛來詢長老。同去寫心銘。生死皆如夢。休言我獨醒。

遊磨鏡台禮讓祖塔

青山綠水本來眞。滿面松風不染塵。且看磨磚千古話。曹溪一滴四時春。

遊福嚴寺

南岳家風三擊鐘。賓主相見喜相逢。陳朝古刹今猶在。老友（妙嚴長老圓安退居）傾談帶笑容。思祖開創（陳朝光大五年）歷道流。可憐羽客暗含羞。三生（寺下有三生塔）願力英雄胆。吾儕如何懶牧牛。

讓祖重興此道場。曹溪一滴水流香。兒孫大樹蔭天下。痛棒當頭見法王。

遊南臺寺回望嶽市

福嚴隣近又南台。天柱峯前擲鉢（峯名）來。梁朝建置後遷祖。洞上兒孫震法雷。

肩輿探勝轉南台。放眼平舖岳市開。休話石頭行路滑。愧輸飛鳥去還來。

別祝聖寺靈濤諸禪友步憨山韻

我家葬親來。（五月由寧波回俗家湘鄉）特地訪諸老。乘車望岳山。青插雲霄好。掛搭古勝業。舉供憶奇篠。（民國七年岳山小竹出米救飢）披閱圖經志。尋幽時稽考。列祖聖道場。歸來遲未早。法王獅子窟。名賢留鴻爪。學校滋化雨。靈苗未枯槁。（設學校年余學僧廿餘人）蒙衆歡迎意。登台反熱惱。欣遇濤法師。相慰出海島。願坐深巖下

●討論窮微渺●避暑兩蟾圓●香積廚厚擾●毘盧開頂眼●轉回南京毘盧寺又取江南道●因緣各有定●親愛舒懷抱●暫向離亭去●情境心未了●汽車聲催促●翻憶南山獠●染汚即不得●古語常時保●但留窗前雲●待我歸來掃●

詠蜜蜂

癸丑春滇藏支部成立四月間蜂來文牘室驅之不去令人感嘆故詠之

可羨微蟲團結蜂●幾番磨折幾番衝●也知公益齊扶起●笑我同袍撞木鐘●

贈輔之君赴省

甲寅五月九號與和君叙暢相契面索以贈之

玉珥海名銀蒼山名結比鄰●無情山水最相親●翻思大石同住大理縣大石庵內水池中大石上造石閣奉祀觀音爲負石阻兵古蹟撐同契●冷抱清流少一人●

除夕

乙亥冬滇南舉義南北年號各別唐繼堯爲都督蔡鍔由京來起義

聲聲爆竹樂堯天●守歲兒童憨不眠●莫問烽烟南北起●平分一夜兩成年●

滇中春日

丙辰陰正月初三日立春軍政人民出兵北伐歡舞從事

錦繡滇城現五華●寒梅翠柳嫩生芽●春風得意多情趣●笑話山僧也有家●

春日辭執有感

丙辰春正月十一日憑衆辭滇藏支部正會長洎校長職間詠以紀念

春風掃蕩障雲消●紅日高懸樂帝堯●有意滇池三載久●無心楚雨一身遙●喃喃佛語眞山水●瑣瑣人情鬧市朝●今去橫擔何所顧●岩前月下好吹簫●

同遊翠海有感

丙辰春齊琴舫胡岳生朱靜軒三君同遊

春遊翠海物豐饒。雨霽天高宿霧消。池水澄清魚極樂。和風吹綠柳抽條。騷人豪氣橫蓬島。大士香烟篆玉霄。說法如來空色相。（余曾在佛教會每月一星期領學生來此布教男女老幼團坐而聽）無邊光景任人描。

和羅峙雲君覩舍利七古原韻

君重禮塔來過訪。坐談故鄉淚如雨。尺幅書吐舍利光。（書覩舍利異相見贈）念珠歷歷眞佛語。（投之以念珠）生靈塗炭遭劫火。大士垂手擊天皷。祝聖古蹟猶難保。翰墨長篇作外禦。（政界拍買外人作文呈官取消）現身宰官酬宿願。同舟共濟必心許。佛法廣大深如海。能沾一滴歸東土。

和某寺早餐打油詩

羅漢五百隱天台。好似蓮花朶朶開。彌勒笑顏三頓飽。山門坐看爾曹來。

懶效痴人釘鐵釘。傷愁遍地草青青。清風明月眞同伴。好事喃喃讀佛經。

老大禪和絡索多。空忙拾得又如何。金牛飯桶菩薩子。那管殘餘打破鍋。

庄上油糍早已煎。誰知荳腐味新鮮。俗人那曉僧眞實。過了一天是一天。

大地山河一口吞。菩提無樹本無根。獅兒震破英雄胆。百獸奔竄落刧魂。

應供賓頭坐在中。富家求福活天宮。恰逢座上仙陀客。彈指一聲樓閣空。

出定後漫成四律

大夢

禮拜非求福。聊酬未報恩。不竆無量劫。爭見世間尊。三乘俱權說。莊嚴總一門。懺除文字習。大海與麼吞。

本自無煩惱。何爲逐六塵。安心須戒定。障道是貪瞋。藥病勤調劑。機緣要審眞。予他三十棒。一喝恐驚人。

呼馬應之馬。呼牛亦應牛。不能行異類。何日見源頭。粥飯逾王膳。綈袍勝澤裘。問誰充伴侶。滄海一閒鷗。

樓閣非莊嚴。雙林非冷落。中有息機人。泯然忘善惡。不見法輪轉。但覺天宇闊。本來無一事。說甚大死活。

對鏡效寒山子體

吟壇　大夢

公明能自相。不辭藜藿老。李廣逢數奇。戀勢於天討。榮枯夙已定。何况論壽夭。修行貴及時。百善一相好。

我心本如鏡。無奈塵封久。鏡能照我面。心照我則否。六賊苦盤踞。如王落冠手。何時蕩妖氛。心鏡懸泰斗。

玉泉拭明鏡。曹溪一鏡無。證道有淺深。躐等總凡愚。未識曹溪路。便笑玉泉拙。哀哉門外漢。憐汝空饒舌。

吾面鏡子大。鏡比碟子小。吾面在鏡中。毫髮無遺照。引鏡去尋尺。全體皆了了。持以照青天。天大鏡不小。問彼何以然。一照一切照。

磨墨以塗鏡。對鏡面模糊。去墨復自照。容顏還故吾。鏡體本光明。墨污豈固有。若不勤拂拭。墨與鏡同壽。

七塔住持告退感言七首

民國二十五年冬月　溥常

報恩七塔滿三年。榔標橫擔去欲前。仰效高庵成古範。（安置退住公推起艸載萬年部）山非我有且爭先。

江東七塔呼聲高。寺宇巍峨獨笑傲。三聖（慶山退住寮我先去住）裝金開勝會。那時退隱謝同胞。（十一月初八日開光圓滿日退位十七佛誕日新方丈接事）

叢林興學說都難。經過八年出院刊。休話

僧材容易得。自從主辦亦心寒。

追尋始祖是宗門。廿四年冬復本原。古寺棲心開大冶。笑言臨濟好兒孫。

慈老冥言不速來。（余在七塔寺夢見慈老八二次另行寫出）自號夢忍愧通材。萬年規約今成立。宗譜志乘也秉該。

傳戒未思震浙東。（廿三年冬新戒六百有奇僧俗護法超過一千二百五十八人俱之多）可憐病苦始終窮。（余與陳馨裁君擬修如意寮未果）陳君有意難如願。儲款希期重德充。（開光餘款存庫房候新方丈發心）

住持佛事站人頭。瞋喜交加任去留。秉着良心何所畏。吟風嘯月共悠悠。

雜載

七塔寺裝金西方三聖萬緣啓

諦聞

我佛於過去無量刧中。以巨大犧牲之精神。修種種之福德智慧。及至最後。豁然大悟。親證本有之眞如妙性。復以其所覺之道。不辭辛瘁以覺悟衆生。俾一切衆生皆得證其所證之妙性。以共享其不生不滅之勝樂。其予衆生之恩惠。與衆生之被其感化者。亦既深而且厚矣。故佛陀爲利自利他之偉大人物。絕非其他宗教之教主所可望其項背也。假令佛不說法以覺悟衆生。衆生在迷。有如盲者無相。悵悵乎其何以行乎哉。玆雖佛陀涅槃已久。而其所遺流之教法。迄今尙存。理應香花燈樂。恭敬供養。常爲紀念。夫教法爲佛陀住世攝化精神之所寄。而代表其偉大人格者。教法有二。聲教行教是矣。聲教者何。依據佛陀一代攝化補特伽羅之語言。結集而成之文字。所謂素怛纜藏。毗奈耶藏。阿毗達磨藏等。三藏十二分教也。行教者何。根據佛陀一代攝化補特伽羅所現之行爲。融結而成之一種精神寄託瞻仰。所謂塑造雕刻。以及彩畫銅鑄等。藉以表現其威儀相好。功德莊嚴之『塔像』也。是以教法所在。即如來舍利之身。如能起塔塑像。廣爲供養。則所得之福德。靡有涯際。試觀貧女丐珠。金師爲箔。各發歡心。共裝塔像。九十一刧。報感大富。良以莊嚴塔像。非誇一時之富美。檀那功德。實爲永刧之資糧。阿育王之造舍利塔。豈徒然哉。優塡王之刻旃檀像。良有以也。敝寺爲浙省名藍。甬江古刹。佛化之興隆。僧伽之繁衍。直與天童育王觀宗三大叢林相伯仲。且有過之無不及者。寺之西方殿內。供有西方三聖，丈六金身。塑自有清光緒年間。中興七塔慈祖之手。藝術精緻。巧奪天工。相好莊嚴。堪稱傑作。擬雲崗之石佛。比龍門之石像。不爲過也。第以歲月遷流。金身掩紫磨之光。聖像失玉毫之曜。此爲敝寺美中之缺陷。而亟亟宜裝修者。溥常承乏主席。責無傍貸。擬募萬人之緣。莊嚴三聖之像。庶幾玉毫重增色彩。金身再放光明。唯是事功浩大。需費孔多。徒懷移山之願。終乏點石之功。伏冀

緇林上座。白社高賢。以及護法長官。信心居士。不住於相。而行布施。玉成斯舉。匡濟其艱。買園布金。長者即生天上。聚沙成塔。童子終證菩提。功不唐捐。福有攸歸謹啓。

住持溥常
監院鉅鏞　同啟

中國國學源流

本院國學教授無住法師編

中國學術之變遷。由清代而上溯古初。約分爲十期。自伏羲至黃帝。爲草昧時期。自黃至周公。爲累進時期。

至孔子。爲積中整理時期。戰國爲分裂時期。秦爲破壞時期。西漢爲收拾時期。東漢爲墨守時期。魏晉至五季。爲舍本逐末時期。宋元明。爲因末求本時期。清爲蹐跼時期。此十期也。若至今日。則中外交通。文明互換。學科之制。前古所無。此則爲大改革時期。自漢以後。大要不出義理詞章訓詁三派。（清代尙考據考據卽訓詁也）由漢至唐重訓詁。宋以後重義理。而詞章亦隨之轉移升降。精訓詁者。記誦必多。識字亦多。故其爲文章。文常勝質。精義理者。以博覽爲玩物喪志。而入理必深。故質恆勝文。此其大較也。

自古在君相之位者。必有聖人之德。有聖人之德者。亦必在君相之位。故以君道而兼師道。孔子生於衰周。旣不得位。乃退老杏壇。與諸弟子刪詩書。訂禮樂。繫易象。筆削春秋。遂以匹夫而代君相教化之權。自玆以後。言學術者。必祖孔子。餘二千年矣。故曰。三代以上。道在君相。三代以下。道在師儒。

堯舜時。契爲司徒。教以人倫。父子有親，君臣有義。夫婦有別。長幼有序。朋友有信。以此爲教育之大綱。未嘗及於文字也。惟夔居典樂之任。教胄子。其節目曰。直而溫。恭而廉。剛而無虐。簡而無傲。聲依永。律和聲。八音克諧。無相奪倫。神人以和。則文字寓於詩歌樂章之中矣。

上古結繩而治。伏羲之世。龍馬負圖。出於河水。（其圖二七居前。一六在後。三八居左。四九在右。五十居中。）伏羲氏乃仰觀於天。俯察於地。本其陰陽屈伸消長之理。畫爲八卦。（乾☰兌☱離☲震☳巽☴坎☵艮☶坤☷）因而重之爲六十四卦。（一說伏羲但畫八卦。六十四卦爲文王所重。）猶未有文字也。（大禹時。有神龜負圖。出於洛水。其數前九後一。左三右七。二四爲肩。六八爲足。五居中。禹因之作洪範九疇）黃帝有熊氏作。文明漸啓。乃命史官倉頡。創造文字。別以六書。（一象形。如日月之類。二指事。如上下之類。三會意。如人言爲信。止戈爲武之類。四諧聲。如江河之類。五轉注。如考老之類。六假借。如令長之類。）是爲中國文化之始。（世傳黃帝以前・有雲書鳥書之類・意者伏羲畫卦・文字已有萌芽・或至黃帝時・始以六書別之・文字之用乃廣耳・）自是以後。朝廷設史官。專掌文字。立左史以記言。立右史以記事。言爲尚書。行爲春秋，至周乃以文勝著稱。

自黃帝井天下之田。封爲萬國。堯時洪水爲災。舜登庸。誅鯀用禹。疏九河注之海。然後人得平土而居之。封建井田之制。既臻於完善。而學校亦興。是爲三大政策。其學校之名。夏曰校。殷曰序。周曰庠。此小學也。則三代共之。此大學也。夏殷學制。不可得而詳。惟周制尚可稽考。玆表著於左。

周學制

甲　學校

大學　天子曰辟廱　諸侯曰泮宮

小學　門閭　鄉遂　家里皆有學（一里八十戶八家共一巷中里爲校室）

乙　教科

八歲入小學　教以長幼之序　洒掃應對進退之節　詩書六藝之文　十五入大學　春夏教以禮樂秋冬教以詩書　及誠意正心修身齊家治國平天下之道

丙　出身

由鄉學升者　鄉大夫掌之　大司徒用爲鄉遂之吏

由國學升者　大樂正掌之　大司馬用爲大夫士

由黃帝至周公。文教漸次完備。故曰累進時期。

至孔子時。學校之制未廢也。（鄭子產欲毀鄉校。子產與孔子同時。）而私家授受。已漸萌芽。聚徒講學。與負笈從師者。往往而有。而孔子教育獨廣。弟子來學者至三千人。身通六藝者七十二人。自茲以後。孔子遂巍然爲中國獨一無二之人物。

孔子商人也。其先微子啟。以紂庶兄。受封於宋。孔子之七世祖曰孔父嘉。宋殤公時。爲大司馬。宋太宰華父督作亂。殺孔父而奪其妻。其孫防叔奔魯。至叔梁紇。爲魯大夫。娶顏氏而生孔子。（孔子生於周靈王二十一年。魯襄公二十一年十月庚子。）孔子生三歲而孤。十九歲娶幵官氏。二十四歲喪母。卒於魯哀公十六年。即周敬王四十一年。是時諸侯用世卿。世卿多出宗室。而魯三家尤專橫。（孟孫氏・叔孫氏・李孫氏・）孔子雖筮仕。不能久於其位。乃周遊列國。冀達其爲東周志願。久之。所如不合。乃歸老於魯。刪訂六經。堯舜禹湯文武周公之道。賴以不墜。故曰孔子時爲集中整理時期。

孔子既沒。其弟子各以其學傳之徒人。而子夏設教西河。門庭尤盛。子貢以善辭令爲諸侯所重。所至分庭抗禮。輒闡揚其師說。故孔子沒而道益尊。至孟子。則謂孔子賢於堯舜。自生民以來。未有若孔子。而孔子之道益大。至漢司馬遷作史記。列孔子於世家。謂中國言六藝者。必折衷於夫子。推爲至聖。漢高祖定天下。至魯。以太牢祀孔子。自是二千年來。孔子之道。遂定於一尊矣。

孔子之歷略

先世　父叔梁紇　母顏　徵在

生地　魯昌平鄉曲阜里（今爲曲阜縣）

年歲　平年七十有二

孔子

孔子之事功

游歷　周　齊　衛　曹　宋　鄭　陳　蔡　楚　凡九國

為委吏料量平　為乘田畜蕃息　宰中都道路

男女有別　作司空別五土　為大司寇誅少正卯　攝行相事三月大治會夾谷齊人反侵地

孔之子教育

雅言　詩書執禮　孝弟為本

四教　文行忠信　以仁為主體　忠恕為用

孔子之經典

孔子手定者　詩　書　易　禮　樂　春秋

門人記錄者　論語　孝經

孔門之人才

德行　顏淵　閔子騫　冉伯牛　仲弓

言語　宰我　子貢

政事　冉有　季路

文學　子游　子夏

易書詩春秋為五經。樂無專書。禮記內有樂記一篇。五經中禮分為三。周禮儀禮禮記。是為七經。七經中。春秋分左氏公羊穀果三傳。是為九經。九經外。加論語孟子爾雅孝經。是為十三經。

孔門六經傳授表

1（易）商瞿　公孫段　子庸　馯臂子弓　周醜　孫虞　田何

2（書）漆雕開　孔鯉　孔伋　孔帛　孔求　孔穿　孔順　孔鮒

3（詩）子夏　曾申　李克　孟仲子　根牟子　荀卿　浮邱伯魯詩　毛亨毛詩　韓嬰韓詩

4（春秋）子夏　公羊高　公羊平　公羊地　公羊敢　公羊壽　胡母生　以上公羊
穀梁赤　荀卿　申公以上穀梁
左邱明　曾申　吳起起子期　鐸椒　虞卿　荀卿　張倉以上左氏

5（禮）子夏　子貢

6（樂）曾子　子游　孺悲

五經大旨及篇數

（易）自伏羲畫八卦。因而重之爲六十四卦。至文王。每卦綴以彖辭。周公作大象辭。每卦一辭小象辭。每爻一辭其書只作筮卦之用。至孔子。乃作十翼。曰彖傳。曰象傳上。象傳下。曰乾文言。曰坤文言。曰繫傳上。曰繫傳下。曰說卦傳。曰雜卦傳。曰序卦傳。以明陰陽屈伸消長之理。窮變化之源。究天人之奧。而易之用始大。秦焚書。以易爲卜筮之書。得免。

（書）書本百篇。孔子序之。上起唐虞二典。下訖秦誓終篇。遭秦滅學。燒諸侯史記。於書尤甚。至漢。乃有今古文之傳。伏生所傳二十九篇。出於口授。以漢隸寫之。故曰今文。孔安國於孔壁中所得書。增多十六篇。是爲眞古文。遭巫蠱未上。書亡於晉永嘉之亂。東晉時。梅賾奏上孔傳古文尚書。較今文增多二十五篇。是爲僞古文。今傳者共五十八篇。淸代諸儒。斤斤於今古文之辨。嘉慶時。古文幾廢絀。書之類別六。曰典。曰謨。曰訓。曰誥。曰誓。曰命。

虞書五篇　夏書四篇　商書十七篇　周書三十二篇

（詩）詩者。樂中之歌也。其義有六。曰賦。曰興。曰比。曰風。曰雅。曰頌。敷陳其事而直言之。謂之賦。因物起興。謂之興。以此物比他物。謂之比。此作詩之旨。風則采於各國者。雅則采於邦畿之內者。頌則史官所作。用之宗廟祭祀者。雅有二。小雅用之邦國。大雅用之朝廷。

1（國風）自周南召南至豳。凡十五國。

2（小雅）自鹿鳴至都人士。凡八十篇。

3（大雅）自文王至召旻。凡四十一篇。

4（頌）周頌三十一篇。魯頌三篇。商頌五篇、古人於吉凶宴會。皆有樂。有樂必有歌詩。最重要者。兩君相見。及卿大夫出使鄰國。彼此必有贈答之辭。旁觀者得以察其吉凶禍福。故孔子曰。誦詩三百。授之以政。不達。使於四方。不能專對。雖多。亦奚以爲。又曰。詩可以興。可以觀。可以羣。可以怨。邇之事父。遠之事君。多識於鳥獸草木之名。又謂伯魚曰。不學詩。無以言。又曰。人而不爲周南召南。其猶正牆面而立也歟。足見詩之重要如此。

禮）秦氏焚坑。禮經殘缺。漢興。魯高堂生傳士禮十七篇。（自士冠禮至有司徹。）即今之儀禮。而魯徐生善爲容。景帝時。河間獻王好古。得周官五篇。失冬官一篇。（周禮六官。天官大冢宰。地官大司徒。春官大宗伯。夏官大司馬。秋官大司寇。冬官大司空。）乃購千金不得。取考工記以。補之。即今之周禮。新莽時。劉歆竊國師。

始立周官於學。後儒謂歆附莽。於周禮多所簒易。

禮記 七十子後學者所記。後人各有損益。漢戴德删古禮二百四篇爲八十五篇。謂之大戴禮。戴聖删大戴禮爲四十九篇。是爲小戴禮。即今之禮記。

（春秋） 孔子旣不得位。退老杏壇。憫夫列國君臣。紀綱紊亂。臣弑其君者有之。子弑其父者有之。乃因魯史記作春秋。上起平王四十九年。（即魯隱公元年）下訖魯哀公十六年。絕筆於獲麟。口誅筆伐二百四十年間。筆則筆。削則削。游夏不能贊一詞。書成。左邱明采百二國寶書。成春秋內外傳。外傳爲國語。內傳即春秋傳也。是爲左氏傳。

子夏門人公羊高。穀梁赤。各成一書。以傳微言大義。是爲公羊傳。穀梁傳。左傳詳於事實。常失之誣。其原因有二。一則史官之文。常失之繁。今以內外傳相比較。乃知左氏所删汰者不少。一則經吳起傳授。起仕魏疑於魏先世有所增益。公穀二傳。略有不同。至於素王素臣之說。雖見於何休注。乃出自當時口授。近代公羊家。遂炫爲不傳之秘。而康有爲遂因之作孔子改制考焉。

論語二十篇。皆孔子應答弟子。及時人所言。或弟子相與言。而接聞夫子之語。鄭康成謂仲弓子夏等所撰定。此書詳於孔子之言論氣象。爲學孔子者之準繩。（漢時有齊論語。魯論語。古論語。齊論語多問王知道二篇。古論語有兩子張篇。）

孟子七篇。唐以前。列於子部。其後乃列入十三經。孟子生當戰國。衞道最力。又年最高。七篇之文。似其所手定者。（宋朱子於禮記內取大學中庸。合論語孟子刻之。爲之集註。是名四書。）

孝經　孔子與曾子論孝之書。自天子以至庶人。各爲一章。書只一卷。

爾雅　張揖云。釋詁一篇。周公作。釋言以下。或言仲尼所增。子夏所足。其書專言訓詁。細及鳥獸虫魚。清代學者。多潛心焉。自釋詁至釋畜。凡十九篇。

兩漢以來今古文傳授表

（易）今文　田何　施讎　孟喜　梁丘賀　京房

古文　費直　高相

（書）今文　歐陽生　夏侯勝　夏侯建

古文　孔安國

（詩）今文　魯詩申培公　齊詩轅固生　韓詩燕人韓嬰

古文　毛亨　毛萇　亨河間人世稱大毛公萇趙人爲小毛公

（禮）今文　后倉　戴德　戴聖　慶喜

古文　劉歆周禮　逸禮

（春秋）今文　公羊　穀梁

古文　左氏　鄒氏　夾氏　鄒夾無書　宋胡安國作胡傳合三傳成之

自倉頡作六書。歷唐虞至周。皆沿其文。是爲古文。又曰蝌斗文。周宣王時。太史籀作大篆。筆畫增多。迨及戰國紛爭。七國文字。多所變易。秦幷天下。乃命李斯作小篆。以畫一之。罷其不與秦文合者。是時程邈又作隸書。自是以小篆隸書代古文矣。然其時尙八體並用。一大篆。二小篆。三刻符。四虫書。五摹印。六署書。七殳書。八隸書。漢時尉律。學僮年十七巳上。始試諷籀書九千字。乃得爲吏。又以八體試之。課最者。以爲尙書史。至東漢時。尉律不課。小學不修。太尉南閣祭酒許愼。乃作說文解字十四篇以小篆爲主。附以古文奇字。及籀文。其書凡爲文九千三百五十。部首五百四十。共十三萬三千四百十一字。自是以來。其書與爾雅並重。欲攷文字之本義者。必於此求之。淸代段玉裁王筠等於說文最精。此書爲經學入門之階梯。雖出自漢人撰著。以其關於經學者大。故附論於此。

與孔子同時者。有老子。其學以淸靜無爲爲主。而其說曰。人棄我取。人動我靜。蓋善能以柔制剛。而工於住世法者。年長於孔子。孔子常從問禮。其書有道德五千言。後宗其說者。有列子莊子。至漢文景之世。乃用其說以治天下。當時之民。得以休養生息。臻於富庶者。老學之效也。

又有墨子者。名翟。宋人。其學倡兼愛。崇儉樸。重實際。貴力行。至戰國時。其說乃大行。孟子云。天下之言。不歸於楊。則歸於墨。楊子名朱。其說以爲我爲主。拔一毛利天下不爲。墨子則摩頂放踵利天下爲之。楊子今無書。僅見於墨子楊朱篇。

自孔子以後。諸子百家並起。史記列爲六家。曰陰陽。曰儒。曰墨。曰名。曰法。曰道德。漢志增爲九。玆表著於左。

（法家）　自李悝商君至法家言凡十家

（名家）　自鄧析至毛公凡七家

（道德家）　自伊尹太公老子至道家言凡三十七家

（儒家）　自子思曾子晏子至楊雄凡五十三家

（墨家）　自尹佚至墨子凡六家

（陰陽家）　自宋子華至公孫渾邪凡二十一家

（縱橫家）　自蘇子至聊蒼凡十二家

（雜家）　自孔甲盤孟至雜家言凡二十家

（農家）　自神農至蔡癸凡九家

以上九家爲九流。益以小說家。共爲十家。小說著錄者十五家。

右列各家。其書今多不傳。今子部最著者。曰老子。列子。莊子。荀子。揚子。管子。晏子。孫子。吳子。淮南子。韓非子。商君書。公孫龍子。尹文子。關尹子。鶡冠子。鬻子。呂氏春秋。董氏春秋繁露等。

自暴秦焚書。偶語詩書者棄世。厥後楚漢相爭。兵戈擾攘。諸儒抱殘守缺。竄伏深山。至惠帝五年。除挾書之令。遺經稍出。而當時崇尚黃老。（自曹參爲相・迎河上蓋公・遂用黃老治國・與天下休息・文景因之・）至武帝。始好儒術。自是以後。六經漸立於學宮。故曰西漢爲收拾時期。

東漢光武以太學生成帝業。明帝繼之。養三老五更於太學。（以桓榮爲三老。李躬爲五更。）於是家絃戶誦。在位者無非通經之人。經學大師。如馬融服虔許慎鄭衆等。先後輩出。而以鄭玄爲集經學之大成。但其時刊板未行。傳寫皆以竹簡。而經義多出師師口授。故學者恪守師說。各有異同。是爲墨守章句時期。

西漢文章家最盛。其言論關于經濟者。有賈誼董仲舒鼂錯。精於史法者。有司馬遷。工於詞藻者。有枚乘。司馬相如。東方朔。揚雄。精於校讎者。有劉向劉歆父子。大抵皆深通經義。以發爲文章。故曰高文典册漢西京。東漢則人攻經術。文氣漸趨整鍊。而班固成漢書。其位置幾與司馬子長相勒。其後若孔融蔡邕。皆炳然於著作之林矣。

史漢對照表

甲 史記司馬遷作

1 上起黃帝　下訖漢武　爲通史之祖

2 十二本紀　十年表八書　三十世家　七十列傳凡五十二萬六千五百字

3 遷重創造采世本國語國策等以成書其詞簡括

4 特色　尊項羽爲本紀　列孔子於世家　遊俠刺客貨殖皆有傳

乙 漢書班固作

1 斷代爲書　自高祖至武帝全用遷書

2 十二本紀八年表十志　七十列傳　共八十餘萬字

3 固文雖多剽竊而密於體故敘二百年事其文繁

4特色　詳經世之典明六藝之旨漢人文之美者備錄無遺

建安以後。（建安漢獻帝年號）俗尚詞藻。開六朝浮靡之風。而王弼。何晏。阮籍。王衍。樂廣等。又提倡老莊。成爲風氣至是文體與學說。皆一大變。至梁昭明太子蕭統。成文選一書。遂爲後世操觚文者之圭臬。舍本逐末。視爲固然矣。

建安七子

曹植　王粲　陳琳　徐幹　劉楨　應瑒　阮瑀

竹林七賢

嵇康　阮籍　阮咸　向秀　山濤　劉伶　王戎

南北朝詩文家

南朝　（宋）陶淵明　謝靈運　顏延之　鮑照（齊）謝朓　王融

（梁）簡文帝　沈約　江淹　范雲　任昉　庾肩吾　柳惲　何遜　（陳）徐陵　陰鏗　江總

北朝　（周）庾信　出使西魏留居北方實南人也

（齊）斛律金

六朝文旣浮靡。至唐初未革。故四傑擅名於時。至李白杜甫出始詩追風雅。韓愈出。始以六經爲文章。（蘇軾謂韓文起八代之衰）柳宗元副之。自是文體一變。然唐自太宗以詩賦取士。天下鶩於詞藻。成爲風氣。至開元時。孔穎達等奉命成十三經注疏。遂爲後世說經者之根柢。茲表著於左。

十三經注疏

經	注	疏
周易	魏王弼　韓康伯注	唐孔穎達正義
尚書	題孔安國傳	唐孔穎達正義
毛詩	漢毛萇傳　鄭玄箋	唐孔穎達正義
周禮	漢鄭玄注	唐賈公彥疏
儀禮	漢鄭玄注	唐賈公彥疏
禮記	漢鄭玄注	唐孔穎達正義
左傳	晉杜預集解	唐孔穎達正義
公羊	漢何休解詁	唐徐彥疏
穀梁	晉范甯集解	唐楊士勛疏
孝經	唐玄宗注	宋邢昺疏
爾雅	晉郭璞注	宋邢昺疏
論語	魏何晏注	宋邢昺疏
孟子	漢趙岐注	題宋奭疏

唐人之能文者。多熟精三禮漢書文選。故其文氣厚味濃而字雅。且善駢文者。亦多兼擅散文。以其記誦精而識

字多也。唐文𠔥以韓柳爲最。而燕（張說）許（蘇頲）。大手筆。亦古今大文。

唐代詩家

初唐　魏徵　王勃　楊炯　盧照鄰　駱賓王陳子昂　沈佺期　宋之問　賀知章　張旭　包融　張若虛

盛唐　李白　杜甫　王維　孟浩然　儲光羲　韋應物　元結　張九齡　王昌齡　高適　岑參　李頎　常建

韓愈　白居易　孟郊　賈島　劉禹錫　張籍　王建元稹及大歷十子（吉中孚韓翃錢起司空曙　苗發

中唐　崔峒　李瑞　夏侯　審耿湋　盧綸

晚唐　温庭筠　李商隱　杜牧　段成式　韓偓

唐詩文最著者四大家　李白　杜甫　韓愈　柳宗元

（燕許大手筆）　張說燕國公　蘇頲許國公　皆以臺閣體著稱

（元輕白俗）　元稹　白居易（郊寒島瘦）孟郊　賈島

（後李杜）　李商隱　杜牧（温李）李商隱　温庭筠

自魏晉至宋初。學者皆偏重詞藻。所謂舍本逐末時期也。

宋時理學崛興。自濂溪始。其後開爲濂洛關閩四派。至元及明。大儒繼起。各樹一幟。明太祖以八股取士。而功令五經四書。皆遵用宋儒傳注。自是理學一派。當王數百年。迨及滿清。沿用明制。雖乾嘉諸儒。極力提倡漢學。表章馬鄭。而功令遵用宋儒傳注。以迄於廢科舉。其光燄之大可知矣。

宋儒高談性理。如佛門之有教外別傳。以小學一書爲蒙養之基礎。以四書爲入聖之階梯。而古聖心傳之精微。則求之於大學中庸。故自孟子以上溯堯舜。堯授舜曰。允執其中。舜授禹曰。人心惟危。道心惟微。惟精惟一。允執厥中。故宋元明以來諸儒之所研究。無非要使道心增長。人心退聽。其實佛門中轉識成智一語盡之。程朱一派。以居敬窮理。循序漸進爲主。其學似佛門之漸宗。陸王一派。從靜坐入手。陳白沙謂須於靜中養出端倪。則似佛門之頓宗。所謂端倪。即會見本來面目也。然儒門所心得。致力深者。亦猶佛門之踏重關。故始終不退。但未能踏到末後關耳。

宋五子學說概要

甲　濂派　周濂溪名敦頤。字茂叔。道州人。其氣象如光風霽月。其學以存誠窒欲爲宗。着有太極圖說及通書。程明道。名顥。字伯淳。河南人。德性寬厚。和氣溢於背面。着有定性書識仁等篇。詳二程遺書。

乙　洛派　程伊川。名頤。字正叔。明道之弟。氣質剛方。態度如峭壁孤峯。倡理性合一之說。著有易傳及春秋傳。又有二程遺書。

丙　關派　張橫渠。名載。字子原。陝西郿縣人。少豪俠。貌剛毅而和易。其始出入佛老。故能窮鬼神之變。明生死之原。居敬窮理。由誠入明。著有西銘正蒙。

丁　閩派　朱晦菴。名熹。字元晦。號考亭。其先婺源人。後爲福建尤溪人。其學篤守程子。謂涵養須用敬。進學在致知。而尤重力行以踐其實。著有周易本義。詩經集傳。四書集注。近思錄。通鑑綱目等。

此外有朱子大全集。朱子語類。卷帙甚繁。

與程子同時。而別爲一派者。有邵康節。（名雍。字堯夫。）其學深於術數。發明伏羲先天文王後天之理。著有皇極經世一書。（邵子之學。出於李之才。之才得之穆伯長。伯長得之陳摶。摶華山道士也。）又司馬溫公。亦自爲一派。所著資治通鑑。上起戰國。下終五代。詳一千餘年治亂興亡之迹。爲研究歷史最重要之書。與朱子同時。而別爲一派者。有陸象山兄弟。謂心外無理。六經皆我注脚。其學近於頓悟之禪宗。（江西三陸。長梭山。名九韶。字子美。次復齋。名九齡。字子壽。季象山。名九淵。字子靜。兄弟自爲師友。本無師承。與朱子講學鵝湖寺。議論始終不合。故後遂分爲朱陸二派。）

此外又有永嘉學派。以陳止齋（名傅良）葉水心（名適）爲首領。其學偏重於事功。　又有永康學派。以陳同甫（名亮）爲首領。其學王霸雜用。較永嘉派尤爲激烈。

程朱傳授表

程子—楊時—羅從彥—李侗—朱子

- 蔡元定　蔡沈　注書經功令用之
- 黃幹
  - 何基　王柏　金履祥　許謙
  - 饒魯　陳大猷　陳澔　注禮記功令用之
  - 程若庸　吳澄

朱子
- 陳淳
- 輔廣　余瑞臣　王文貫　黃震
- 詹體仁　眞德秀　趙復　許衡　劉因　姚樞

五代文體薄弱。宋初因之。至歐陽修出。文體始一大變。於是宋人以文名世者。有六大文豪。茅鹿門選八家。於唐儘取韓柳。餘皆宋人也。

宋六大文豪

歐陽修。字永叔。江西吉安人。仁宗朝。爲翰林學士。蘇氏父子。及曾鞏。皆出其門。其爲文。由韓昌黎以上溯司馬遷。遂移一代風氣。歷數百年。至清桐城派。尤推尊之。所著新五代史。謹嚴有法度。除史漢外。於諸史中獨具特色。

曾鞏。江西南豐人。字子固。爲文本於六經。朱子生平最好其文。謂爲主人翁。

王安石。字介甫。江西臨川人。安石爲相。以新法亂天下。而其經術文章。實冠絕一代。淸曾文正。於韓昌黎外。獨推重之。

蘇洵。字明允。四川眉山人。其文得力於孟子。戰國策。韓非子。世稱爲老蘇。

蘇軾。字子瞻。號東坡居士。洵長子。其爲文涵渾光芒。雄視百代。人稱爲大蘇。論者謂韓文如海。蘇文如潮。謂大蘇文也。

蘇轍。字子由。號潁濱。洵次子。性安詳高潔。文如其人。世稱爲小蘇。

宋代詩家。北宋推蘇軾。南宋推陸游。然北宋有以黃山谷（名庭堅）配蘇。南宋有以范石湖（名成大）配陸著。其餘若歐陽修。王安石。皆能獨樹一幟。至江西詩派。則以山谷爲宗。體尚奇崛蒼老。陳師道其尤著者。又有永嘉詩派。以流麗雕琢勝，若徐照趙師秀等是也。

金元之際。以詩文著稱者。金推元好問。元推虞集。楊載。范椁。揭傒斯。姚燧。

元代理學。北有許衡。（河南人）南有吳澄。（江西人）衡之學。與姚樞同出趙復。爲朱子嫡傳。澄以融合朱陸自任。

明代理學。其篤守程朱者。惟薛河東。（名瑄。字敬軒。山西河津人。）若陳白沙。（名獻章。廣東新會人。）則以虛爲本。以靜爲基。以懷疑爲進德之門。以無欲爲養心之要。以陳編爲糟粕。以何思何慮爲極則。以勿忘勿助爲本然。其學極近於禪。王陽明（名守仁。字伯安。浙江餘姚人。）提倡良知。以萬物爲一體。去人欲。存天理。以至於知行合一。而其基亦始於靜坐。明代學術。此兩派爲最盛。若龍溪（王畿）泰州。（王艮）皆姚江之支派耳。

明代詩文。國初推劉基宋濂。而方孝儒獨以文名。高啓獨以詩名。及於中葉。李東陽出。文體一變。李夢陽繼之。文宗先秦。詩法盛唐。其後高攀龍。王世貞。皆祖述夢陽者也。迨公安袁宏道起而痛詆之。而唐順之王愼中。亦各樹一幟。及歸有光作。體格謹嚴。歸於八家。遂開有清一代風氣。而桐城派更恪守其法度焉。

由宋至明。貴理學。賤詞藻。亦不能棄詞藻。是爲因末求本時期。

清沿明制。以八股取士。士之遊庠序登甲乙科者。多不讀書之人。其間一二英特之士。鑒於文字之禍。皆歛才就範。不敢爲放胆之文。才力有餘者。則遯其精力於考据詞章。說文音韻。近世論者。謂清代學術。形神不全。亦確論也。蓋士子讀書。始則苦之以帖括。及登甲科。入詞館。則苦之以詞章楷法。而士之精力疲矣。惟工詞章者。涉獵必多。見聞必富。移其心腦於考据。適爲用其所長。故清代此一派人。實足超越前古。至道光間。唐鏡海曾文正等。講學於都門。羅羅山劉霞仙等切磋於鄉里。而學術一變。竟賴以敉平大亂。爲清室延長壽命數十年。此又理學之明效也。

至光緒朝。外交不振。士激於時局。爭欲變法救亡。而一代士氣。跼蹐於高天厚地之中者。遂一發而不可遏。而辛亥革命。遂告成功焉。洎至今日。歐西唯物之學。逐漸輸入。學科之制。前古所無。是從中國開化以來、大改革時期矣。玆將清代學者。臚列於左。

清代學術表

理學	經學	駢文	散文（附詩家）
李顒（一名中孚）	閻若璩	毛奇齡	汪琬
孫奇逢	張爾岐	陳維崧	魏禧

王夫之
黃宗羲
顧炎武
湯斌
陸隴其
張履祥
楊名時
李光地
方苞
顏習齋
王源
李塨
唐鑑

毛奇齡
惠士奇
朱彝尊
王鳴盛
胡渭
錢大昕
江永
戴震
紀昀
王昶
全祖望
孔廣森
汪中
阮元
孫星衍

胡天游
邵齊燾
孔廣森
袁枚
吳錫麒
孫星衍
洪亮吉
彭兆蓀
孫星衍
洪亮吉

侯朝宗
朱彝尊
姜宸英
方苞
劉大櫆
姚鼐
梅曾亮
惲敬
張惠言
吳敏樹
曾國藩
郭嵩燾
吳汝綸
張裕釗
吳偉業 以下詩家

江藩　洪亮吉　金榜　魏源　段玉裁　王筠　王念孫　陳澧　王闓運　俞樾

朱彝尊　王士禎　沈德潛　袁子才　蔣士銓

以上所述。以限於篇幅。不能求詳。僅敘其大畧於此。清代績學之士甚多。茲舉其最著者。

附論書畫源流

書畫二者。亦國學中之美術。書法由篆而隸。而草。而眞。凡數變。古文大篆。除許書附載千餘字外。僅散見金石文字中。而以石鼓文爲最著。李斯作小篆。書法最精。（斯書流傳者。有嶧山刻石。會稽刻石等。）不背六書之旨。（唐李陽冰篆。則多破體）同時程邈作隸書。厥後章帝作艸書。益趨簡易。迨蔡邕作八分。梁鵠鍾繇繼之。而眞書乃成矣。傳鍾繇之法者。爲衞夫人。王右軍羲之少時。實從授筆法。故其書冠絕古今。但其時已分南北二派。南人好行草。故善說帖。北人好端楷。故多碑板。唐太宗好右軍書。當時虞褚歐陽諸人。皆臨摹王帖。若顏師古等慈寺碑。則居然北派矣。魯公繼之。兼擅南北之長。其人品亦足與書法相稱。柳公權。徐浩。李北海。皆以北派而兼南派者也。此唐代書家之歷歷可數者。宋則推蘇軾黃庭堅蔡襄米。芾明則推董香光。其昌而祝枝山欽明文徵明。亦佼佼焉。清代登詞館者。無不能書。平庸者。多限於館閣體。而冠絕一代。四體俱長者。獨推一布衣鄧頑伯。名琰字石如前乎鄧者。有張照。梁同書。劉墉。後乎鄧者。有包愼伯。莫友芝。何子貞。翁同龢。張濂卿等。皆書法中之精力獨到。別豎一幟者。此述其名之最著者。其實自晉以來能書者。難更僕數。而魏碑則多逸其名。此尤可惜者也。

畫家。則自晉以來。顧長康。張僧繇。陸探微。筆意通神。爲畫家三祖。而吳道子丹青。尤爲世所貴重。山水則自唐以後。亦分南北二派。北派長於點染。南派長於潑墨。北派祖李思訓。宋人傳其法者。趙幹。趙伯駒。趙伯驌。劉松年。馬遠。李唐。夏圭。元則丁野夫。錢舜擧。明則仇十洲。清則戴熙。吳小仙等。南派祖王維。傳其法者。五代時有荊浩。關同。宋有董源。巨然。李成。范寬。米芾。米友仁。宋廸。郭熙。元有趙孟頫。黃公望。王蒙。吳鎭。倪瓚。明有沈周。文徵明。唐寅。董其昌。清則有王時敏。王原祁。王翬。惲格。吳歷等。此其大略也。

報恩佛學院章程

第一條宗旨　本院以研究大乘教理造就宏法人才爲宗旨

第二條院址　本院設於甯波七塔寺

第三條經費　本院常年經費由七塔常住擔負並募助之

第四條職員　如左

一本院設院長一人主持全院事務

二主講一人商承院長監理院中教務事宜

三教授若干人分授各項教科

四督學一人監督學僧修業勤惰及行持功過事宜

五庶務一人管理院內什物由本寺監收兼任之

六會計一人管理院內出入賬目由本寺典賦兼任之（以上教職員薪金另定之）

七書記一人謄錄講義及來往信件由本寺書記兼任之

第五條課程　本院課程以賢首慈恩教義爲主其他科學哲學爲輔

第六條學額　本院學額預科無定額正科暫定三十名其資格如左

甲曾受比丘或沙彌戒者

乙年齡在十五歲以上三十歲以下者

丙具有初中程度文理清通者

丁身體強健無諸疾病者

戊品行端正無諸嗜好者

第七條入學　備有前項資格者由諸方長老或大德居士

介紹經本院考試審察合格者得入院修學

第八條學期　本院修學期間定爲三年共分六學期課程另定之

第九條假期　本院平常假期依叢林成規行之佛菩薩聖誕及國慶紀念日照例放假暑寒假期臨時酌定九月一日本院開學紀念休業一日

第十條試驗　本院試驗分四種如左

一臨時試驗

二月終試驗

三學期試驗

四畢業試驗

第十一條分數　本院試驗分數分三等如左

八十分以上爲慧班七十分以上爲定班六

十分以上爲戒班

第十二條畢業　本院學人修學期滿按照分數等級授與畢業證書得分別介紹爲諸方住持或在本寺任職不及格者留院補習

第十三條待遇　本院學僧學膳書籍等費概由本寺負擔戒班生每月津貼衣單費洋一元定班二元慧班三元如成績優越者得隨時依次升級獎勵之

第十四條退學　本院學僧倘有中途藉故退學者每學期應繳院費二十元由保證人負擔因犯規而退學者亦同

第十五條　本院章程如有未盡事宜得隨時修改之

七塔報恩佛學院歷年教職員一覽表

職別	姓名	籍貫	任職年月	備考
住持兼院長	覺圓	陝西	民十七年	
	圓瑛	福建	民十八十九兩年	
	本舟	湖北	民二十至二十二年	該員原任督學
	溥常	湖南	民廿三年至今	該員原任主講
首座兼主講	溥常	湖南		
堂主兼主講	全德	江蘇		
教員	正鉢	河南		
	寶忍	湖北	民廿四年上季	
堂主兼主講	諦聞	雲南	民廿四年下季至今	
國學教員	周寄塵	湖南		

	吳玉璇		
	王守坤	奉化	
	王君鶴	鄞縣	
	何均平	四川	
	坦山	湖南	
	羅傑	湖南	
國學兼督學	宗鏡	四川	
國學兼算術	通義	江西	
國學兼算術	聖眞	四川	民廿四年下季
算術	宗悟		
書記兼督學	本舟	湖北	
	宏泉	湖南	
	脫塵	江蘇	

	月朗	浙江	
	心耀	湖北	
	心宗	四川	
	嵩庭	湖南	
	岫峯	安徽	
	了達	湖南	民廿四年全年
	炳如	江蘇	民國廿五年上季
國學教員	無住	湖南	民國廿五年下季

七塔報恩佛學院歷年學員一覽表

天樂　善空　惟正　妙峯　果乘　宏泉
吉德　守原　宗風　定光　傳慧　正眼
文清　本圓　常信　了然　心耀　廣洲
妙慧　印量　月朗　震山　登性　寬江
性海　指濱　指遠　普宏　智慧　裕祥
祥順　心定　慧智　則悟　了寬　寂安

悟禪　明空　宏宣　能宗　法宏　通悅
德修　心道　敬道　遠清　先福　光明
化臯　維鑫　昌明　可澄　樹青　澄初
雪蓮　仁明　若春　道果　來法　勝云
映曇　行嵩　先有　緒輝　寬靜　光華
妙然　性一　傳心　永清　永道　示參

雜載

常琱 彌淨 演悟 慈寅 惟德 昊和
清淨 惟眞 共培 宏聞 瑞道 印覺
覺智 遠去 覺至 滿覺 虛淡 禪慧
正性 克勤 懷慈 學勤 忍禪 海峯
冷曙 鐘鏡 法權 澄清 近智 開明
佛定 開祥 宏修 天清 法鑒 維善
唯正 深日 玉川 智賢 蘊徹 福海
果成 靜璽 清光 幼雲 龍圓 體源
乾順 心宗 覺明 守眞 普湛 性修
妙慧 正覺 慧海 調御 妙靜 靜然
大圓 宏道 顧衡 靈道 廣松 照憶
寂守 廣澤 體空 體福 東傳 明熙
心透 則賢 誠德 普了 性情 達實
朗滿 淨心 逸慈 信弘 大鏞 本渡
大徹 廣性 覺月 宣輝 靜覺 大道
了空 立權 永開 義德 清智 大鑫
如聖 永澄 傳教 印玄 啓甯 池清
慈恩 瑞祥 上豐 演揚 淨華 量寬

大悟 印蓮 敬元 勝林 了衡 宏化
月輪 公道 圓通 曉禪 聞藏 宏大
眞澄 顯善 鶴松 法宏 堅靜 亦道
佛成 慧性 道隱 智禪 聖法 法滿
自恭 天性 圓智 演通 法片 寬明
證蓮 淳妙 心印 仁學 心順 道明
仁道 證道 慧照 玉泉 普信 宗輪
融慧 妙高 自觀 道偉 能興 定仁
惠宿 唯仁 宗名 智昌 如觀 清元
了清 根瑞 智誠 清山 法海 性德
炳悟 智慧 覺塵 體空 大智 如圓
了性 果成 顯善 月亮 循果 寶才
禪通 本願 照空 覺德 性柱 常利
源遠 常修 宏法 大容 宏定 心回
寶峯 心開 明哲 悟月 慧藏 佛曜
欽澄 宏清 眞華 普慈 燭耀 普雯
良達 普清 宗安 星耀 東傳 明亮
明心 果霖 寬德 眞華 了義

佛歷紀元二九六三年
中華民國二十五年十月出版

編輯者　七塔報恩佛學院院刊編輯處

印刷者　鈞和印刷股份有限公司
寧波江北岸楊善路
電話一百十號

華嚴綱要淺說

達登題

《華嚴綱要淺說》是溥常法師略簡華嚴經之綱要而作的淺顯解說。華嚴經藏可謂「諸經之通體，諸法之通依，一切眾生迷悟之本」，重要性不言而喻，但其文義玄幽、卷帙浩繁不易於心領神會，有七塔報恩佛學院之學生三年期滿，尚未深入華嚴經藏之堂奧者。感慨於此，溥常法師依據全經大旨、提挈全經綱要、節略經文疏義而淺說華嚴經藏，發揮法要以勸導後學。先是舉題「大方廣佛華嚴經」融攝全經，再而繪圖指示全經品卷，據清涼國師澄觀之經疏，將三十九品經文，以四分五周、七處九會來剖析經文意蘊。《華嚴綱要淺說》民國二十年（一九三一）由上海佛學書局鉛印刊行，範古農為之題簽，書前有諦閑、羅傑、範古農三家序言。該書主要為學僧所設，由各埠佛經流通處分銷，流通未廣，復經兵火戰亂，僅有此冊傳承至今，未見他藏。該本亦由王文輝居士捐贈，現由栖心圖書館珍藏，扉頁留有「王文輝，一九五九・三・八・寧波」字樣。

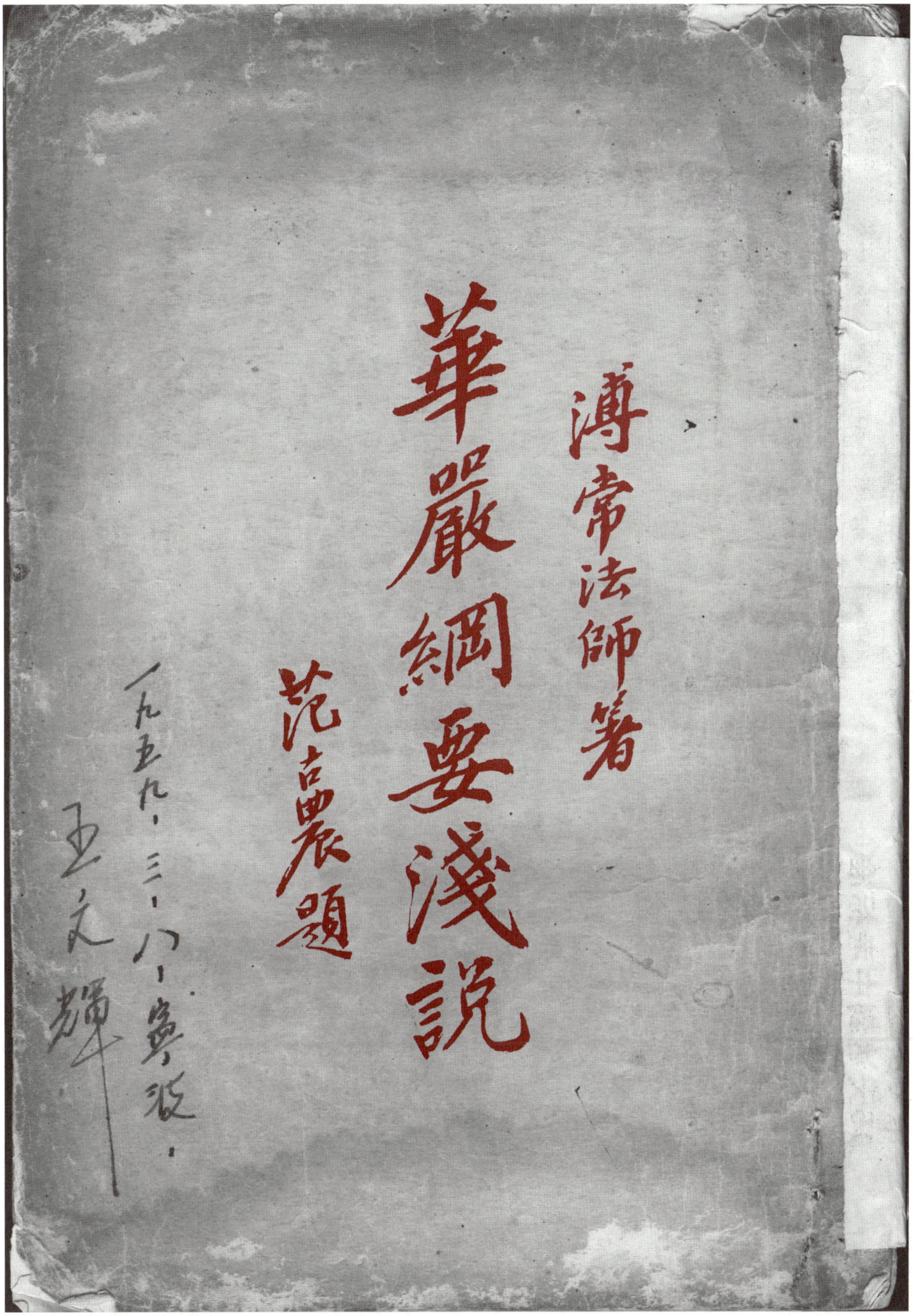
華嚴綱要淺說
溥常法師著
范古農題

溥常法師近影

大方廣佛華嚴經綱要淺說序

竊詳大方廣佛華嚴全經大旨統唯一眞法界。蓋圓賅萬有。唯是一心。覩體全眞。融通交攝。是諸佛極證之果海。亦卽衆生本有之心源也。以言其性。如太虛洞然而無物。以言乎相。則萬象森然而駢陳。其所謂森然者。卽行布也。一而萬者也。所謂洞然者。卽圓融也。萬而一者也。圓融不礙行布。故一爲萬而不見其少。行布不礙圓融。故萬爲一而不見其多。此其大較者也。然而善財之見文殊。根本之智已得。畢乎一者也。而差別之智未圓。於是歷百十城。覲五十知識。或瞋或喜。或逆或順。親證無量法門。而欲見乎萬者也。茲姑舉其略而陳之。其所不舉者。可類推而見之矣。甯波七塔報恩佛學院主講溥常法師。爲諸學子演講華嚴。慮初心人未易領解。懸挈全經綱要。作淺顯解說。乃命名曰華嚴綱要淺說。具見爲人之情殷也。且夫經體既名一眞法界。然法界勢含四重。而重重無盡。又以十界因果爲宗。而因果緣起六位。且位位融圓。融圓不礙乎行布。行布其圓融平等未離乎差別差別其平等始則舉法界以全因果萬法萬行昭然終則融因果而混同法界一毫一塵廓爾雖重重六位有殊隱顯開合靡定原始要終究不離乎一眞法界也釋此經者唯二大老一棗柏李長者之合論二清涼觀國師之疏鈔疏鈔意極精微冲深包博合論得盡大體直截根源其文雖明顯而出顯爲難意實幽玄而通玄不易自非深詣圓極久淹經文者無繇措手今溥常法師運大悲心伸妙手眼其始也繪圖揭示全經品卷說明七處九會四分五周瞭如指掌其次也提綱節略經文疏義稱性發揮明如日星俾彼聞者爇一丸而具聞衆氣嘗一指而全鼎皆知類天池之一滴味具百川猶帝網之千珠光含衆影意甚明而斑斑可考言雖簡而處處指歸爲憐三尺子不惜兩莖眉眞乃血筆肝文婆心熱語已也而又慇懃徵序予何敢以不文辭爰述之以爲樂法者勸　佛生二千九百五十八年歲在庚午

彌陀聖誕後二日四明觀宗寺卓三諦閑述於退隱之蜜藏居

華嚴經綱要淺釋序

羅傑

佛法八萬四千法門。正如華嚴藏海。帝網重重。交光互映。不卜從何處可入。其入處維何。學菩薩行。求佛智智而已矣。雖然博地凡夫。談何容易。我釋迦文佛。悲憫衆生。沉淪苦海。無由出期。不捨誓願。說法四十九年。講經三百餘次。凡以示有情學菩薩行求佛智智途徑也。溯說經之始。厥惟華嚴。博大淵深。望洋與歎。雖有古德疏論。義苦幽玄。溥常法師。智悲淵廣。行解圓澄。寢饋功深。由賅返約。徇高足沙門之請。撰綱要淺說。索序於余。余受而讀之。其書移圖冠首。分周處會。若網在綱。經文義疏。併撮大要。分析顯豁。重重華藏。約爲生佛心源。賢聖智身。各顯度人神愛。論漸則歷階五位。述頓則立證菩提。洵初學之明鐙。闇室之朗月也。是經顯蜜圓融。途開頓漸。何以徵之。蓋我毘盧遮那佛。於普光明殿遊多林等處。以法身說法。眉口膝足。叠放祥光。被者當下即證普賢彌勒文殊諸菩薩。摩頂咨詢。善財俗身。即時見佛。凡此皆神力所加持。默授即身成佛之密諦也。普賢菩薩。在毘盧遮那成佛神變經中。厥爲金剛薩埵。傳佛密因。在華嚴本經中。爲法王長子。入定受加說法。願海淵廣。表現智行境界。而外特闢橫出三界之途。於念佛往生極樂。殷勤啓示。六經五論。相互詳陳。何經之捷也。然淨密二宗。雖胥屬頓教。而修慈持戒。捨緣住心。與誦讀大乘經典。實爲上品中品資糧。融菩提大悲信住行向禪定般若菩薩戒相顯密大乘教義於一期報身。實爲出世究竟方便。如是熏修。方能各各見佛聞法。二者皆非倖獲。至若各品專詳十信十住十行十回向爲菩薩地前加行。十地智地爲等覺妙覺道路。實爲顯乘漸入之常型。一佛所宣。大悲同體。蓮華藏海。互攝一心。觀威光太子見佛放光現通說法。頓受十法三昧。善財童子。百城烟水。神足風馳。五十三參覲善知識。畢竟一眞法界。顯密兼融。頓漸二門。隨根悟入。皆獲無生法忍。無上正等正覺。菩提行者。苟欲學菩薩行。求佛智智。舍此弗由。奚可哉。奚可哉。

序

我佛一代時教。首唱華嚴。一切教義。皆從此出。號爲根本法輪。言其義理。則豎窮橫遍。言其文字。則汪洋無盡。然總其樞機。不出信解行證四字。何者。我佛出世。欲令衆生自證固有之如來智慧德相。與十方三世一切諸佛等無有異。但以衆生妄想執著。證入爲難。故須離妄想除執著。此固有資於二行。二行者何。一爲涅槃門。二爲菩提路。能行此二方獲普賢。普賢行者。其證佛智之利器乎。夫行必有其道。不知其道。則望洋興歎。而不敢投足者有之。盲目無覩。而悵悵何之者有之。若是乎宜先開其眼界。示以徑域。令諸衆生了解無滯。庶幾可耳。然欲了解。須先令其心理專注研究。方有成效。苟語者諄諄。而聽者藐藐。何能引起注意而生了解。故先之以起信。信爲道源功德母。長養一切諸善根。無他。苟於如來德業能深樂欲。庶於如來實相能深認識。是故由信而解。由解而行。由行而證。而後如來出世教化衆生之本懷。方得圓滿。一切教義。莫不如此。而

大方廣佛華嚴經綱要淺說 序

此根本法輪爲其軌範耳華嚴一經具有三部釋迦滅後藏諸龍宮龍樹大士誦其小本出示世間經數百年傳來我國晉佛度跋陀譯出六十卷三十四品唐實叉難陀譯出八十卷三十九品此洋洋大典係集如來說法九會而成而於信解行證四事具足了義佛所證法其體大其用方廣菩薩所行法門無量如雜華之嚴飾故曰大方廣佛華嚴也大方廣佛爲果華嚴爲因因該果海果徹因源所信者信此所解者解此將此八十卷靈文攝我佛一代時教罄無不盡何其宏肆而該羅也賢首宗師著述疏釋亦頗廣博近世學者根機淺薄對此大經不易卒讀寧波報恩佛學院溥常老法師既以大經教授學子復以每品經文約舉大義編成講義名曰綱要淺說令學者立信解之基其深得我佛教化衆生之心乎書成囑上海佛學書局印行而索序於余余因疾稽遲出版期近倉卒握管言不成文民國二十年五月范古農槃譚序

華嚴七處九會品目總要之圖

（四分）……（五周）……（九會）……（品目）

- **信分**－所信因果周－初會菩提場
  - 普賢爲會主　放口光眉間光
  - 說如來依正法　入毘盧藏身三昧
  - 世主妙嚴品第一
  - 如來現相品第二
  - 普賢三昧品第三
  - 世界成就品第四
  - 華藏世界品第五
  - 毘盧遮那品第六
- **解分**
  - 差別因果周
    - 二會普光明殿
      - 文殊爲會主　放兩足輪光
      - 說信十法門　此會不入定
      - 如來名號品第七（下二十六品明差別因）
      - 四聖諦品第八
      - 光明覺品第九
      - 菩薩問明品第十
      - 淨行品第十一
      - 賢首品第十二
    - 三會忉利天宮
      - 法慧爲會主　放兩足指光
      - 說十住法門　入無量方便三昧
      - 升須彌頂品十三
      - 須彌偈贊品十四
      - 十住品第十五
      - 梵行品第十六
      - 初發心功德品十七
      - 明法品第十八
    - 四會夜摩天宮
      - 功德林爲會主　放兩足上光
      - 說十行法門　入善思惟三昧
      - 升夜摩天品十九
      - 夜摩偈贊品二十
      - 十行品第二十一
      - 十無盡藏品二十二
    - 五會兜率天宮
      - 金剛幢爲會主　放兩膝輪光
      - 說十迴向法門　入菩薩智光三昧
      - 升兜率天品二十三
      - 兜率偈贊品二十四
      - 十迴向二十五
    - 六會他化天宮
      - 金剛藏爲會主　放眉間毫相光
      - 說十地法門　入大智慧光明三昧
      - 十地品第二十六
  - 平等因果周－七再會普光殿
    - 如來爲會主　放眉光口光
    - 說等妙覺法門　入剎那三昧
    - 十定品第二十七
    - 十通品第二十八
    - 十忍品第二十九
    - 阿僧祇品第三十
    - 壽量品第三十一
    - 菩薩住處品三十二
    - 佛不思議法品三十三（下三品明差別果）
    - 十身相海品三十四
    - 隨好光明品三十五
    - 普賢行品三十六（此品明平等因）
    - 如來出現品三十七（此品明平等果）
- **行分**－成行因果周－八三會普光殿
  - 普賢爲會主　此會不放光
  - 說二千行門　入佛華嚴三昧
  - 離世間品三十八
- **證分**－證入因果周－九會逝多林
  - 如來善友爲會主　放眉間白毫光
  - 說果法界　入師子頻申三昧
  - 入法界品三十九

大方廣佛華嚴經綱要淺說

報恩佛學院主講溥常輯述

大矣哉華嚴一乘教海具德圓融諸經之通體諸法之通依一切衆生迷悟本一切諸佛所證窮諸菩薩行自此出生故我毘盧遮那如來最初爲法身大士所說十地論云一時婆伽婆成道未久第二七日也末世業障凡夫居於五濁惡世雖淸涼云見聞成種恍若有眼不見舍那身有耳不聞圓頓教者示參等同學二十餘人相集而言曰來此報恩佛學院三年期限將滿華嚴大經愧未深入堂奧請求重說發揮法要旣承傳之於口更勞筆之於書余曰否如來於一微塵破大千經卷賢首一家教觀諸祖造論著疏闡揚淨盡無有過上者況釋迦掩室於室羅淨名杜口於毘耶無言之言了了更暢何煩贅述僉曰時値末法衆生根鈍當面錯過華嚴海藏文義幽深卷帙浩繁汗漫難究心領神會甚不易易余乃緩頰曰唯素性疏嬾不喜弄筆愧恨年老六五作文又拙枯腸

搜盡。不能滾滾而來。雖登華座演講。如同轉讀。僅具信樂。今不得已處於牽強。不顧鄙陋。勉其所請。略簡綱要而淺說之。稽首光明遍照尊。蓮華藏海性圓融。普賢文殊冥加護。願沾一滴潤蒙童。天台云。聞首經題。功德無量。此大方廣佛華嚴經。以人法喻三具足爲名。即一體三寶也。大方廣是法寶。佛是佛寶。華嚴是僧寶。大則極虛空之可度。體無邊涯。方則極滄溟之可飲。法門無盡。廣則碎塵刹而可數。用無能測。佛則離能覺所覺。萬法洞明。華則芬披萬行。榮耀衆德。嚴則圓此行德。飾彼十身。經則貫串文句。以成玄妙。如是舉題。即攝全經。毘盧遮那如來。現圓滿報身。放光加被諸大菩薩。承佛威力。說此一眞法界。圓融行布法門。清涼國師將三十九品經文。以四分五周七處九會。剖解義蘊。即所謂以聖教爲明鏡。照見自心。以自心爲智燈。照經幽旨也。

第一舉果勸樂生信分。顯我佛自身。曠劫修證。勸導後學。使見實迹。而生信。爲所信因果。周有一會。

初會菩提場。普賢爲主。說如來依正法門。有六品。
第一世主妙嚴品。照常序正流通。乃七處九會發起之通序也。經云。佛在摩竭提國。阿蘭若法菩提場中。始成正覺。其地堅固。金剛所成。菩提樹高顯殊特。獅子座高廣妙好。所處宮殿樓閣。廣博嚴麗。世尊坐寶座。於一切法。成最正覺。智入三世。悉皆平等。身徧十方。悉充滿。譬如虛空。具含衆像。於諸境界。無所分別。普賢等十佛刹塵數菩薩。所共圍繞。金剛神等佛刹塵數世主。常勤守護。師子座莊嚴具中。一一各出刹塵菩薩。其名曰海慧自在等。與供養雲。以上諸菩薩世主。各各申偈讚佛。說解脫法。爾時此世界。佛神力故。六種震動。諸世主現供養雲。心生歡喜。信解各入如來解脫門。此華藏世界如是。十方盡法界虛空界一切世界海。悉亦如是。竟 此總說如來果覺。依正圓融。德用無邊。佛者覺也。摩竭提云無毒害。阿蘭若云無喧諍。世尊處此菩提道場。地如金剛。於宮殿樓閣中。坐寶座。成道本覺。智光重重交映。無障無礙。照見法性體空。說法猶如獅吼。經云。若有欲知佛境界。當淨其意如虛空。職是故也。普賢等同生衆菩薩。金剛神等異生衆三十九神天。以配三賢十聖。師子座衆。以配等覺。約計四十一衆。表顯如來因地所修五位法門。勸發後來賢哲。生信勤修。以此爲宗本。世界震動。表六根清淨互用。世主與供悟法。類通十方。以顯佛佛道同。竪窮橫遍。歷然可觀。海衆雲集。威德熾盛。遮那十身。圓融炳著。同嚴微妙法會。故以此品名。居初。

第二如來現相品。正宗分起也。經云。諸菩薩世主。作是思惟。云何是諸佛地。諸佛境界。諸佛加持。諸佛所行。諸佛力。諸佛無所畏。諸佛三昧。諸佛神通。諸佛自在。諸佛無能攝取。諸佛眼。耳。鼻。舌。身。意。諸佛身光。諸佛光明。諸佛聲。諸佛智。叉一切諸佛爲諸菩薩說世界海。衆生海。法界安立海。佛海。佛波羅蜜海。佛解脫海。佛變海。佛演說海。佛名號海。佛壽量海。及一切菩薩誓願海。發趣海。助道海。乘海。行海。出離海。神通海。波羅蜜海。地海。智海。等四十句。菩薩威神力故。於供養雲中。自然出音說頌。如來知衆心念。於面門衆齒間。放剎塵數光。光能說頌十方世界海菩薩。蒙光開覺。同來佛前供養。化座坐已。於身毛孔中。現種種色光。一一光中現刹塵菩薩。徧事諸佛度生。皆得安住毘盧大願海。世尊欲令一切菩薩。得無邊境界神力故。放眉間光。右繞於佛。從足下入。當時佛前有大蓮華出現。此華生已。於一念間。如來白毫相中有菩薩名一切法勝音。與世界海塵數大士。俱時而出。右繞禮佛已。勝音菩薩坐華台。了深法界。生歡喜。觀察十方說頌。復有蓮華慧光等菩薩。亦然。如是一四天下道場。十方刹塵菩薩來集。應知一切世界一四天下道場亦如是。竟 此說默請四十問。是諸佛智行境界。發起此經大部法門。齒間放光。十方來集。度生入願海者。默答所問。現華嚴法界體性。智悲自在。無礙無盡之相。放眉間光。示說法主。佛前華現。表說法依果。勝音等說頌。一切世界海亦然。此顯刹海無障礙法。即是現智境之相。故以此品名焉。

第三普賢三昧品。三昧。此云正定。普賢德用周徧。表法界佛行門。即答前菩薩行海問也。經云。普賢於如來前。蓮華藏師子座。入毘盧遮那如來藏身三昧。十方一切國土所有微塵。塵中多剎。剎中多佛。一一佛前。有普賢入定。十方諸佛與入一切智性身智。各伸右手摩頂。普賢從此定起。其諸菩薩。各得塵數三昧海雲。當時世界微動。普雨十種摩尼王雲。一切如來諸毛孔中。咸放光明說頌。菩薩大衆皆向普賢合掌讚歎。竟　此說普賢入定受加。爲說法主。如來摩智光讚。菩薩合掌偈請。以師資道同。智行契合。爲位中普賢現行相。與上品現智相。爲現智行境界。總明自後諸品。一切因果無非是智行所攝。華嚴事事無礙法界。以普賢爲長子。正此品意也。

第四世界成就品。謂以前說緣既具。此品正陳所說。總明諸佛果相。答法界安立海問也。經云。普賢以佛神力。偏觀察一切世界海。普告大衆。諸佛世尊知世界海成壞智不思議等一切法。我承佛力。皆能宣說。爲欲令一切衆生入佛智慧海故。世界海略說有十種。若廣說者。與世界微塵數等。三世諸佛已說當說今說。竟此說世界海。因緣。體性。形狀。轉變。差別。萬殊。欲令一切衆生。知苦樂染淨等相各隨自行業力所生當發起清淨信心修出要道得入如來華藏世界海。是故先說此品。

第五華藏世界品。謂前品通明諸佛刹海。此別明本師所嚴依果答世界海問也。經云普賢復告大衆言。華藏世界海毗盧如來往昔修行大願之所嚴淨。有須彌塵數風輪所持。略舉十種。最上者名殊勝威光藏。能持普光摩尼莊嚴香水海。此海有大蓮華。名種種光明蘂香幢。華藏莊嚴世界住其中。四方均平金剛輪圍繞。復言此藏海安布輪山寶地香海香河樹林。一一皆世界海塵數淸淨功德之所莊嚴。復言此中有十不可說刹塵香水海。有十不可說刹塵世界種安住。一一世界種復有十不可說刹塵世界。彼世界種於世界海各各依住形狀體性不同。復言此十不可說刹塵香水海在華藏世界海中。如天帝網分布而住。最中央香水海。名無邊妙華光。出大蓮華。名一切香摩尼王莊嚴。有世界種住其上。名普照十方熾然寶光明。有不可說剎塵世界布列。其最下方世界名最勝光遍照。爲第一層。第十三娑婆世界。第二十層名妙寶焰世界。復言此無邊妙華光香水海東。有離垢等十香水海。次東又有變化微妙身等百香水海。相續連接。成世界網。而裹以金剛大輪圍山。於華藏世界種種差別周遍建立竟。此說一百一十世界種。各有所表。十種風輪持香水海。出大蓮華。表大願風輪。持大智海。出生無邊妙行之華。嚴持身剎。爲佛淨土也。中央一世界種表佛位。總攝一切。偏一切。爲萬法之本。次十者表五位。一因一果。又次百者表五位因果各具十波羅蜜。其二十重世界。表五位升進及佛位。各具十因十果也。其世界網而裹以輪山者。具一切勝妙莊嚴。皆我佛智行攝化所感也。若約事略舉二因。一約衆生。以如來藏識。卽香水海。亦法性海。依無住本。是謂風輪亦妄想風。此海具恆沙性德。卽正因之華。世出世法皆含攝。若以法性爲海。心卽是華。含藏亦爾。然此藏識相分中。半爲外器。不執受故。半爲內身。執爲自性。

生覺受故。法爾如然。行業引故。二約諸佛。以大願風。持大悲海。生無邊行華。含藏自他二利。染淨果法。重疊無礙。故所感剎相如是。第六毘盧遮那品。梵語毘盧遮那。此云光明遍照。前明此因之果。以如來修行大願之所嚴淨。此辨前果之因。答前因問也。經云。普賢告大衆言。往古過剎塵劫。普門淨光明世界海。勝音世界。山上有一大林。名摩尼華枝輪。道場名寶華徧照。前面出大蓮華。名華蘂焰輪。最初劫中。有十須彌山微塵如來出世。第一一切功德山須彌勝雲佛。坐蓮華座。放眉間光。名發起一切善根音。喜見善慧王。領諸眷屬。大威光太子爲上首。見佛光明已。即證得十種法門。第二波羅密善眼莊嚴王佛。威光太子。見現神通得益。第三最勝功德海佛。威光爲轉輪王。亦領衆見佛聽法。得大福德普光明三昧。第四名稱普聞蓮華眼幢佛。是時威光命終。生須彌山上寂靜寶宮天城中。爲大天王。亦領天衆見佛聞法得益。還歸本處。竟 此說四佛皆於大枝輪道場成佛。威光太子皆親近得法。威光即今毘盧。引古證今。以明三世道同因果不謬。使後進者。當種此成佛因也。

第二修因契果成解分。謂修五位之圓因。契十身之極果。令物善解因果相。爲差別平等二因果。周有六會。

二會普光明殿。文殊爲主。說十信法門。自住行向地十一地。爲五位。以信位爲因。妙覺爲果。是五位因果。圓攝法界行門。然初信後果。與中五位。爲七。而但五位者。以信本果體。初後圓該。不立階差。令修華嚴人。外信五位之法。皆自心德用。內信自心之佛。即毘盧同體。如是心法相應。然後進修。則智行益明。及至果終。不離初信。譬如種子。先具全體。及後發生。至於成實。還是初種。此則因果不移。本末相徹。實修華嚴初步之要門。其品有六。

第七如來名號品。謂前品舉因顯果。成所信之境。此舉果辨因。彰能信之行。答前名號海問也。經云。佛在摩竭提國。菩提場中。成道。於普光明殿。坐獅子座。妙悟皆滿。達無相法。住於佛住。十佛刹菩薩。從他方來集。作是思惟。願佛開示佛剎等四十問。如來知衆心念。各隨類顯通。現神通已。十方金色等十色世界。十智佛十首菩薩。並諸眷屬俱來。文殊爲首。化座坐已。文殊菩薩承佛神力說此諸菩薩甚爲希有。十方諸佛。知衆生欲樂不同。隨其所應而說法。於此四天下中。或名一切義等。其數十千。令諸衆生各別知見。十方世界。說如來名號不同如是盡虛空徧法界。亦復如是。世尊昔爲菩薩時。以種種談論。成熟衆生而說法故。竟 此說默請四十句。與初會現相品。大同小異。前生信分。爲明佛果所成之法。不涉言詮。如來現相以總答。此生解分。爲明因行所依之法。須藉聲論文殊言說以別答。然將說十信法時。十方金色等表信門。十因十果。果卽十智佛因卽文殊等十首。十色世界卽所修法門。種種名號。色相要卽諸色法。明自心法。皆是當人本有之性德。勿推之聖賢。謂自無分。肇法師云。聖遠乎哉。體之卽神。

第八四聖諦品。謂答前問佛所說法。亦遠答佛演說海問也。經云。文殊告大衆言此娑婆世界。說四聖諦有四百億十千名。十方世界亦如是。彼一切世界亦如是。十方世界說四聖諦各有百億萬種名。隨衆生心悉令調伏。竟 此說佛所說法皆以苦集滅道爲體。因此四諦說種種法。故諸經皆以四諦十二因緣爲宗。而此稱性法門亦首明之。蓋性自此迷。自此現。則根塵解脫本性圓明。然謂四聖諦者。令了世界四聖諦第一義諦。如理通融。無復厭斷。如法界性。無去無取。依此爲因。五位升進皆若是。則佛果可得矣。

第九光明覺品。正答前三問。長行放光答佛威德。成正覺答大菩提。文殊說偈答佛法性也。經云。世尊從兩足輪下放百億光。照此三千大千世界。見如來成正覺坐華座。刹塵數菩薩圍繞。爾時光明過此世界。偏照十方世界。如來亦如是坐。悉以佛神力故。十方十色世界十智佛所。各有一大菩薩。並諸眷屬來詣佛所。其名曰文殊等十首。一切處文殊各於佛所同聲說頌。竟 此說佛於初會放眉間果光。照十方已。從足下入。至此又從兩輪足下放百億光明照大千界。

漸次增廣。偏照法界。令信心者。覺佛智境。廣大無盡。反覺自已法身智行亦等。由是進入五位。開明智眼。成果地覺足輪。放果光。及一切處文殊。表信位初步。依果行因。互相資發。然自因趣果。必具信解行證之四法。由名號品來此。以身口意三業。爲十信所依。以明信。後三品以明行解證也。

第十菩薩問明品。前三品已明十信生解所依。此下正答生解因果。以生解因中。先答十住。住攬信成。將答所成。先辨能成。古德以信住合明。仁王經釋三賢云。十信十止十堅心。十信即住。故又第二會名號品中四十問。脫十信。故依賢首意。始教別開信位。梁論云。須陀洹見道前四位。謂煖頂忍世第一。菩薩道前四位。謂信住行向。故疏鈔云。不論成位與否。此後三品別答信問。亦別一會答也。經云。文殊師利問覺首菩薩等。覺首明緣起。財首明教化。寶首明業果。德首明說法。目首明福田。勤首明正教。法首明正行。智首明助道。賢首明一道。九首等復問文殊。明佛境甚深。爾時此娑婆世界。以佛神力。一切衆生所有差別之法悉皆明現十方世界亦然。竟 此說諸菩薩互相問答明萬法以示十信之解。皆爲顯露眞淨法體也。言十信名者，一信心於理不疑故。二念心憶念不忘故。三精進心精一進趣故。四慧心純以智慧故。五定心寂湛常凝故。六不退心深入無退故。七護法心保持不失故。八回向心向佛安住故。九戒心得無遺失故。十願心所去隨願故。

第十一淨行品。前品明解，此品廣發大願，爲辨十信之行。衆生無明貪愛，失佛華嚴，由無願力。既發淨信，須依大願淨治塵勞，要即塵勞以成淨行也。經云：智首菩薩發一百一十問，云何得身語意等。文殊爲說一百四十一願。菩薩在家，當願衆生知家性空，免其逼迫。終至睡眠始寤，當願衆生一切智覺，周顧十方。諸菩薩如是用心，獲勝功德，一切世界諸天魔梵及二乘等所不能動。竟 此說即塵勞事翻成妙行，以是大願淨身口意，克成五位無盡行海，一切染法不能違礙也。

第十二賢首品。創從凡失。首入佛住。鄰極亞聖。是謂賢首。前既解行圓妙。必勝德難思。發心修進。與佛同等。示十信之證。此同上二品。答前菩薩發趣海問也。經云。文殊菩薩說無濁亂淸淨行功德已。欲顯示菩提心功德。問賢首曰。我今已爲諸菩薩。說往昔修淸淨行。仁亦當於此會中。演說修行勝功德。賢首答三百五十九偈半。已十方諸佛。現前各伸右手。摩頂讚言。我等皆隨喜。竟 此備陳發心修行功德。增益獲果。利生供佛。乃至出入方網三昧。隱顯同時。自在無礙。皆同毘盧文殊普賢果行德用。正示十信六品之法。發菩提心。解行相應。已獲此證。爲五位發趣。起頓入十住矣。方網三昧者。一方入正定。餘方從定起。猶如帝網交徹融攝也。

三會忉利天宮法慧爲主。說十住法。答前二會問也。此十住法。由信證入生如來家。依無住智。永不退還。名住。有六品。

第十三昇須彌山頂品。敘帝釋置座迎佛之事。前普光明殿。是人間地界。依地說十信表初從凡地發信今須彌山云妙高於此天宮說十住表從信升進入廣大際經云如來威神力故十方世界悉見如來坐於樹下菩薩承佛力說法靡不自謂恆對於佛爾時世尊不離一切菩提樹下而升須彌帝釋置座請佛安住卽說偈言迦葉如來具大悲彼佛曾來入此殿等世尊入殿結跏趺坐此殿忽然廣博寬容十方世界亦如是竟此說不離樹下升須彌者乃淨法界身徧一切處隨順應現猶如一月影現千江隨舟南北而曾無去來迦葉曾入此殿者是明初入十住古今會同佛法不異也

第十四須彌頂上偈讚品謂顯當位之法勸示升進十住以智爲體以慧爲用故依法慧等讚顯也經云佛神力故十方各有一大菩薩名法慧等從十華世界十月佛所俱來化座坐已爾時世尊從兩足指放光普照十方須彌宮殿中佛及大衆皆現十慧等菩薩各說偈讚竟此說如來足指放光謂得住有力成位不退十華十月十慧者表十住法依智起慧爲因復成智月之果得是果法

無明頓徹煩惱頓除清涼如月其佛表果菩薩表因亦如十信因果同彰十華世界是所修法門要即因華開敷智果也

第十五十住品正說十住名義住住成就十法以示當位所行之行經云法慧菩薩承佛威力入無量方便三昧十方各千佛剎塵諸佛同名法慧以神力加被與智摩頂法慧從定起告諸菩薩言菩薩住處廣大與法界虛空等住諸佛家故三世諸佛皆說有十種住名我今當說從初至十各緣十種難得法而發心十段結文云有所聞法即自開悟不由他教故當時佛神力十方六種震動有剎塵數菩薩同名法慧所從來國同名法雲彼土如來皆名妙法亦說十住法門承佛神力來入此會作證法慧菩薩觀察十方說頌讚歎竟此說衆生具有如來智慧爲迷緣自障能修此三昧以顯之即與諸佛菩薩智慧冥合是故同名之諸佛菩薩現前作證也十住名義者初發心住創依正智發菩提心二治地住爲利衆生開擴心地三修行住善觀諸法增長正行四生貴住由尊貴

行。生佛法家。五方便具足住。帶眞隨俗。漚和適化。六正心住。逢善惡境。心不動擾。七不退住。趣正妙道。緣不散壞。八童眞住。含眞抱一。智行無失。九法王子住。得法王法。當紹法位。十灌頂住。成就十智。即當成佛。如王太子。陳列灌頂。

第十六梵行品。是辨住位之行。經云。正念天子白法慧菩薩言。依如來教。染衣出家。云何得梵行清淨。法慧答言。觀察身身業語語業意意業佛法僧戒等十法。於中何者爲梵行。知身等有作有爲之法。皆非梵行。則於身無所取。於修無所着。於法無所住。於梵行亦無所名。心無障礙。方便自在。如是名爲清淨梵行。又舉如來十種智身。令當位修習。若諸菩薩能與如是觀行相應。於諸法中不生二解。一切佛法。疾得現前。初發心時。即成菩提。知一切法。即心自性。成就慧身。不由他悟。竟 此說三業等非梵行。於身無所取爲梵行者。是明固有之性德。不向外求也。

第十七初發心功德品。謂前二品明位及行。此顯十住勝德。以初況後。巧顯深勝也。經云。天帝釋白法慧言。菩薩初發菩提心。所得功德。其量幾何。法慧答言。此義甚深。我承佛力。而爲汝說。十一種譬喻皆說不及一。此初發心不於三界少所有得。唯求一切智。於諸法界無所著。十方同名諸佛皆讚歎說是法時。萬億菩薩發菩提心。我等悉授其記。於當來作佛。皆號清淨心如來。所住世界各別。如是十方世界盡法界虛空界。亦如是說法。教化衆生。法慧菩薩觀衆會說一百二十頌。覺 此說譬喻重重比較。不及少分。十方同名諸佛授記作佛。爲其發心功齊果海。是故前品末云。初發心時。便成正覺。

第十八明法品。謂前明當位所成之德。今辨趣後勝進之行也。經云。精進慧菩薩白法慧言。菩薩初求一切智心。於佛教中。云何修習。以何方便。能令此法圓滿。於一切菩薩所行次第。願皆演說。法慧告精進慧言。汝住實際。發心增長不退。汝諦思念。我承佛力。說其少分。菩薩已發一切智心。應離痴暗。精勤守護。無令放逸云云。能成就智願。作大法師。開闡正法及護持。故爾時法慧欲重宣其

義說十偈言竟　此說以精進慧啓請詳明當位升進之行門轉更明白爲十行之因故繼此而說十行之法也

四會夜摩天宮功德林爲主說十行法答前二會問也既依普智發信住佛所住遂能繁興萬行自利利人此有六品

第十九升夜摩天宮品須夜摩此云善時分爲空居天無日月而常明以蓮華開合分晝夜於此說十行表行依法空無所滯著而善應時宜也經云如來神力故十方世界悉見如來處於衆會說法莫不自謂恆對於佛世尊不離樹下及須彌山頂而向夜摩天宮寶殿天王於殿內化蓮華座時敷座已佛受請升座天王說偈世尊入殿忽然廣博等大槪同上升須彌頂品竟　此說從十住升進敘夜摩天王化座迎佛等事乃顯今所入十行理智與古不異也

第二十夜摩宮中偈讚品謂顯當位之法勸示升進以積行在躬其德廣蔭故以功德林等讚顯也經云佛神力故十方各有一大菩薩名功德林等從十慧

世界十眼佛所俱來。化座坐已。爾時佛放兩足上光。普照十方夜摩宮殿中。佛及大衆皆現。十林等菩薩各說偈讚。竟此說如來放足上光謂趺背行動依於輪指得用表行依信解而成用故。十慧十眼十林者。表十行法從慧起行覆蔭攝化。佛以眼爲名。即智眼利生。菩薩以林爲名。即妙行廣蔭也。

第二十一十行品。正說十行名義。示當位所行之行。以十波羅蜜爲本。經云。功德林菩薩承佛神力。入善思惟三昧。十方各萬佛刹塵諸佛。同名功德林。以神力加被。與智摩頂。功德林從定起。告諸菩薩言。菩薩行不可思議。與法界虛空等。學諸佛行故。有十種行名。三世諸佛所宣說。佛子云何是歡喜行云云。爾時佛神力六種震動。同名佛菩薩作證。觀察說偈。大旨同上十住品。竟此說十行門功德林爲上首。以顯衆德建立。入定者巧順事理。揀擇無礙。無心成事。名善思惟。偈末云。菩薩功德無有邊。一切修行皆具足。假使無量無邊佛。於無量劫說不盡。十行名義者。初歡喜行。以身命財法三施。悅自他二。饒益行以律儀善法攝生。三聚均利益。三無違逆行。忍順物理無所違。四無屈撓行。精進於道無退弱。五離痴亂行。定慧明正無所惑亂。六善現行。般若圓照境智洞明。七無著行。遍和涉有心無所著。八難得行。大願成就方可能得。九善法行。以妙善力說法軌物。十眞實行。體眞實智一切誠諦。

第二十二十無盡藏品。正辨勝進趣後。答前二會十藏問也。經云。爾時功德林復告衆言。菩薩有十種藏。信戒慚愧聞施慧念持辨。是爲十。三世諸佛之所說。佛子云何是信藏云云。此十藏有十種無盡法。能令一切世間所作。悉得究竟無盡大藏故。竟 此說前九蘊積後一出生。一一行量體合法界。德用無窮。故名曰藏。以此成前十行之法。行行無盡。成後十向之法。亦升進無盡。故繼此說十回向法也。

五會兜率天宮。金剛幢爲主。說十回向法。答前二會問也。以十住所得諸佛之智。十行所行出世之行。乘大悲願。處俗利生。回眞向俗。回智向悲。眞俗圓融。智悲不二。智斷恩德。由是具足法報化身。由此成就。有三品。

第二十三升兜率天宮品。兜率此云知足。此天不離欲界而於欲界無染。居五天中。卽處中道。無所偏執也。經云。佛神力故。十方世界。皆見如來坐於樹下。莫不自謂恆對於佛。世尊不離樹下及須彌夜摩而往詣兜率天寶殿。天王見佛來敷座。百萬億層級。百萬億供養等。時佛受請處此宮殿。天王說偈。殿中殊特等。大旨同上升夜摩品。竟 此說十行升進。敍此天敷座迎佛之事。寶座有百萬億層級。供養等各百萬億。十住法座有百千層級。十行有百萬。十向有百萬億。皆表位位升進增勝。蓋自十住至此。智行悲願已全。菩薩道法已備。雖後二位。不出此法藏。茲總通而迴向一切功德利用。圓融無盡。

第二十四兜率宮中偈讚品。謂顯當位之法。勸示升進。智悲利生。破惑摧邪。自無傾動。故以金剛幢等讚顯也。經云。佛神力故。十方各有一大菩薩。名金剛幢等。從十妙世界。十幢佛所。俱來化座。坐已。爾時世尊從兩膝輪放光。普照十方皆見如來神變相百千億無量功德藏菩薩來會在於佛所因光所及一切佛所亦如是十幢等菩薩各說偈讚竟此說如來兩膝輪放光以回向妙力微善彌於法界有屈伸進趣之相佛菩薩以幢爲名經云願一切衆生建高顯幢燃智慧燈普照世間十妙世界是此所修法門回智向悲妙用難思也

第二十五十回向品正說十向名義示當位所行之行經云金剛幢菩薩承佛神力入菩薩智光三昧十方各十萬佛剎塵數諸佛同名金剛幢現前稱歎與智摩頂金剛幢菩薩卽從定起告諸菩薩言有十種回向三世諸佛咸共演說佛子云何救護衆生離衆生相回向云云爾時佛力震動等大旨同上十行品竟此說三昧者揀果定故名菩薩智是體卽根本智光是用對治無明故乘此大願力融會智悲生死涅槃成一法界自在法門作後二地果德之基融前三位成十地行故繼此說十地法十向名義者初救護衆生離衆生回向大悲廣濟大智無着二不壞回向於三寶等得不壞信三等一切佛回向學三世佛所

修。四至一切處回向。悲願稱法界。五無盡功德藏回向。緣境成功。得無盡果。六入一切平等善根回向。善行隨順堅固法性。七等隨順一切衆生回向。以平等心。隨物饒益。八眞如相回向。體眞行慈。無有作相。九無著無縛解脫回向。相見不動。作用自在。十入法界無量回向。稱性起用。超過諸量。

六會他化自在天宮。金剛藏爲主。說十地法。答前二會問也。他化天乃欲界之頂。依此說十地。以十度爲本。純是利他行。依衆生應化。非前三賢。猶爲自利可比。有一品。

第二十六十地品。謂蘊積前法。至於成實。一切佛法。依此發生。以普光明智爲體。前信住行向。雖不離此體。但蘊積之功未全。此則通前徹後。功行圓成。及至十一地。同前四位。融爲一際法門。故名諸佛智地。經云。世尊在他化天宮寶殿與大菩薩衆。金剛藏爲上首。入菩薩大智慧光明三昧。十方各十億佛刹塵數諸佛。同名金剛幢。共加於汝。與智摩頂。金剛藏從三昧起。普告衆言。諸菩薩願廣大如法界究竟如虛空。入三世諸佛智地。菩薩智地有十種名。三世諸佛皆同說。初歡喜地。二離垢地。三發光地。四焰慧地。五難勝地。六現前地。七遠行地。八不動地。九善慧地。十法雲地。此說十地名已。默然而住。不復解釋。解脫月菩薩。知衆心念。三請三答。世尊放眉間淸淨光。成雲網臺。時光臺中說頌曰。佛子。當承諸佛力。開此法王最勝藏。金剛藏令衆增淨信而說頌。如空中鳥跡。難說難可示。如是十地義。心意不能了。我承佛力說勝法。微妙音譬喻。字相應但說其少分云云。至十法雲地。現自在神力。大衆驚疑。金剛藏入一切國土體性三昧。時會大衆皆見自身在金剛藏身內。又見菩提樹下獅子座上。有佛號一切智通王。諸相莊嚴。說不能盡。爾時佛力震動等。大旨同十迴向品竟。此說菩薩大衆同名。藏最勝。一名解脫月者。表此地依金剛智。蘊積前法。同名爲藏。至獲滿果。爲解脫月。三昧者通稱。智慧是體。光明是用。能斷大惑。證大智。故云菩薩。智與理冥。故稱爲入。殷勤三請。及佛放光而許說地義者。顯諸佛智地。不輕授

受故放眉間光者。表中道法門。以普光明智爲體。故一切佛國土體性。卽無作
法性身菩提。卽法性中覺體智通王。卽法性中妙智。此乃人人本具。唯不自加
顯發。華嚴行人。果能自顯。不獨不疑十地菩薩神通智力。足知華嚴所詮一切
佛德。皆吾自性之常分也。佛力震動等。表此地法。十世古今。道同皆智地果。如
十地論云。斷障證眞。摧伏一切。自體不動也。

七再會普光明殿。如來爲主。說等覺妙覺法。若約位說。普光明智。不屬因果。該
通因果。由自覺聖智。以超絕。如楞伽云。妙覺位外。更立自覺聖智之位。亦猶佛
性有因有果。有因因。有果果。以因取之。是因佛性。以果取之。是果佛性。然佛性
非因非果。普光明智亦如是。體絕因果。爲因果依。果方究竟。故云如來普光明
智。約圓融說。前明普門中所具差別正位。寄歷人天。今明位後德用。不離普門。
是爲會別入普。約次第說。前明十地。今明等妙二覺。以極果由於始信。故重會
普光前。依根本不動智體。起差別之位。今位極成果。不離本智之因。後普賢出

現二品平等因果謂因是果中之因。得果不捨於因。果是果中之果。大用無涯。故前六明因圓。後五明果滿。有十一品。

第二十七十定品定謂心一境性。十是數之極。以普賢深定。妙用無涯。寄十以顯無盡。答前問十定也。經云。佛在摩竭提國。菩提場成道。於普光明殿。入剎那際三昧。普眼問普賢行願成就。幾何三昧。佛言。普賢現在已能成就不可思議神通自在。時彼大衆。聞普賢名。卽獲無量三昧。渴仰欲見。而竟不覩。普眼復更觀察。以三昧力推求不得。是時大衆。三稱南無普賢。頭頂禮敬。佛告普眼。汝等宜更請求。大衆俱頂禮求見。爾時普賢以解脫神力。卽爲現身。大衆皆見近如來前。坐蓮華座。歡喜無量。佛告普賢言。汝應爲會中諸菩薩。說十大三昧。所謂普光三昧。妙光三昧。徧往國土三昧。淸淨深三昧。知過去三昧。智光明三昧。知佛莊嚴三昧。衆生差別身三昧。法界自在三昧。無礙輪三昧。此十三昧。三世諸佛亦皆說。是故汝應分別廣說。竟此說普光明殿入定。窮彼剎那。時相都寂。無際之際。名入刹那際。是明此體爲根本智普眼推求不見佛。令請求始得普賢現身者。全是普光明智寂用自在。以後廣說十定用爲差別智。二者相資無復古今延促始終遷動之相。皆頓圓於彈指頃。亦卽生佛共有本智之體寂用之源也。

第二十八通品。通卽神通。妙用難測曰神。自在無壅曰通。以十數寄圓答前十通問也。經云普賢告諸菩薩言有十種通。所謂他心通。天眼通。宿命通。知未來劫通。天耳通。住無體性通。分別言音通。出生色身通。一切法智通。滅盡三昧通。若諸菩薩住此神通。除佛無能說其功德。竟 此說六通中他心宿命不分。天眼開四未來。天耳開七分別。神足開八色身九智。漏盡開十定。漏盡皆以無障礙大智爲體。非小聖所及。繼前定以明此通。義次第耳。

第二十九十忍品。忍謂忍解印可。卽智照觀達。不同餘教忍因智果。隨義別說。今此圓教顯十。約理圓融則實通五位。約位次第卽等覺後心斷盡微細無明此答前十項問義於疏鈔詳明。經云普賢告諸菩薩言有十種忍。所謂音聲忍。順忍。無生法忍。如幻忍。如焰忍。如夢忍。如響忍。如影忍。如化忍。如空忍。三世諸佛皆同說。若諸菩薩成就此忍。得益無量。普賢復重說偈竟。此說繼前定通用廣。辨其智行深奧。以示方便攝化。譬喻谷響。從緣所起。而與法無違。又如日光影現一切。在油非油。在水非水。於川不漂。於井不沉。不異一體。而有彼此。不隨於物而有遠近。菩薩於無二法中分別二相。善巧通達。隨行法忍也。

第三十阿僧祇品。阿曰無。僧祇曰數。是十大數之創首。無數乃是一百二十四之一。較量行德難思。即遠答變化海問也。經云心王菩薩問諸佛如來演說阿阿僧祇。無量。無邊。無等。不可數。不可稱。不可思。不可量。不可說。不可說不可說。世尊讚言善哉。汝欲諸世間入佛所知數量之義。當爲汝說。先長行後重頌竟。此說長行一百二十四數。顯能數之數無量。重頌一百二十句。顯所數之德無邊。所以廣大算數者。爲彰佛德非數量可盡也。又此與隨好功德品明佛果中算數隨好二愚。唯佛明達。故三十九品經中。惟此二品。是佛自說。其餘諸品。皆當位菩薩。承佛力以宣言也。

第三十一壽量品壽謂報命量。卽分限。染淨之報。壽隨機見之分限。以顯無盡無限之壽量。故上品彰其實德。超乎數表。此品隨其機宜。盡一切時。亦遠答壽量海問也。經云。心王菩薩於大衆告言。此娑婆世界釋迦佛刹一刧。於極樂世界阿彌陀佛刹爲一晝夜。如是舉十世界亦然。次第過百萬僧祇世界。最後世界一刧。於勝蓮華世界賢勝佛刹爲一晝夜。普賢及同行諸菩薩。充滿其中。覺此說佛地實報稱性之壽。出乎數域之表。正顯十身壽量。寄三身以明之。就同教是積劣之勝。就別教則修短圓融也。

第三十二諸菩薩住處品、菩薩曰覺有情。住處非一。以大悲心。隨機應感。徧一切處。據實而談。機緣所宜。指示方所。使物欣厭。翹心有歸。悟解無方。亦如上遠答壽量海問也。經云。心王於衆告言。東方有處名仙人山。東北方有處名清涼山。（即今五臺山）從昔以來。諸菩薩衆。於中止住。現有文殊師利菩薩。與其眷屬。諸菩薩衆。一萬人俱。常在其中而演說法（云云竟）此說諸山大海城邑雜居。共約二十二處。若能知能住。菩薩毛含剎海。所住之處。塵納無邊。未有一方非菩薩住。如是常行周徧不捨。實由命業廣大自在。命業行皆本於心。故以心王菩薩所告言也。

第三十三佛不思議法品。如來果法。迥超言慮。別則明此品果。始前品因。終通則此下五品。答第二會十句果法之問也。經云。爾時大會諸菩薩。作是念。諸佛國土。諸佛本願。諸佛種性。諸佛出現。諸佛身。諸佛音聲。諸佛智慧。諸佛自在。諸佛無礙。諸佛解脫等。云何不思議。世尊即知諸菩薩心念。以神力加持。令青蓮華藏菩薩。告蓮華藏菩薩言。佛子。諸佛世尊。有無量住（云云竟）此說念請十句中。多含第二會如來等二十句之問。蓮華藏演說此三十二門。門各具十。約記三百二十門。佛德重重無盡。合論云。青蓮華表根本智無染。具差別智。蓮華藏

表二智相成自性心佛。不思議妙用。廣大自在也。

第三十四如來十身相海品。如來十身。標人顯德。福報奇狀。炳著名相。相海者。相德深廣如海。是近答不思議品諸佛身。亦遠答第二會眼等六根問也。經云。普賢於大衆告言。今當爲汝演說如來所有相海。略舉九十七大人相。毘盧如來有十華藏世界海微塵數大人相莊嚴。竟 此說大智攝化所感。正報十身相海。卽今十華藏微塵數相。是法身也。非是觀經云八萬四千相之報身。常稱三十二相之化身者所可比。論前說心佛二智不思議用。示心佛二智不思議報。故曰不思議智清淨果。佛十身者。菩提身。願身。化身。力持身。相好身。威勢身。意生身。福德身。智身。法身。

第三十五如來隨好光明功德品。隨好者。顯德依人。隨逐大相。以益姿好。有塵數相。卽有塵數好。光明者用。功德者德。謂從好發光。光能益物之德用。是近答不思議品身及根等兼自在問也。經云。世尊告寶手菩薩言。菩薩足下千輻輪。

名光明普照王。此有隨好。名圓滿王。放四十種光明。中有一光。名清淨功德。地獄衆生。遇光脫苦生天。既生天已。天鼓說法。諸天子聞說普賢廣大回向。得十地。故獲諸力莊嚴三昧。復於身上一一毛孔。化作供養敬佛。若衆生聞香見蓋者。成就善根菩薩。住清淨金網轉輪王位。放淨光明。衆生遇光。皆得菩薩第十地。故成就無量智慧光明。得十種清淨六根具足。甚深三昧。成就清淨肉眼。於一念中。悉見廣大佛土。如頗梨鏡。清淨光明照燭。皆是清淨金網轉輪王甚深三昧。福德善根之所成就。竟　此品是佛自說。告寶手者。表法身性光隨行接引。足下放光。照諸衆生行業。顯劣因之勝德。能成三重頓圓之利益。可與法華法師品參看。何況果光。難思乎。前明智報成相海。此明行報成隨好。故曰不思議行清淨果佛。

第三十六普賢行品。謂此行品。非次第。若依若正。徧周法界塵毛。爲普具滿衆善德海。爲賢。得道不捨因行。爲行。亦遠答前二會所行。近答不思議品本願問也。經云普賢。告大衆言。我不見有一法爲大過失。如諸菩薩於他菩薩起嗔心者。成就百萬障門。是故諸菩薩欲疾滿菩薩行。應勤求十種法等。時佛神力故六種震動。十方刹塵菩薩。同名普賢。從普勝世界普幢自在如來所來此作證

覓

此說廣陳普賢行法。融前果智。入塵利物。同行如來果行。古德云。一念瞋心起。百萬障門開。欲行菩薩道。忍辱護眞心。以處道謙柔爲普勝。摧伏自他爲普幢。理智悲願具足。隨緣爲自在。昇進位極。冥造此道。爲來此作證。佛普賢行徧一切處。十方同道。無二無盡。又通謂二品名平等因果。周會前差別因成此普賢之平等因。會前差別果成性起出現之滿果也

第三十七如來出現品。如來者。是有法之人。即三身十身之通稱。出現者。依人之法。乃果用化用之總名。會前差別果成性起出現之平等果。亦近答前不思議品諸佛出現。遠答第二會如來所行問也。經云。世尊從眉間白毫相中放光。名如來出現。入如來性起妙德菩薩頂。口放光明。命無碍無畏。入普賢口。妙德

問言。善哉佛子。願說如來出現之相。心竟境界。所行之行。成道轉法輪入涅槃。見聞親近生善等事。普賢答言。此處不可思議。如來成道。以無量法而得出現。當時演說此法門。如來不爲餘衆生說。唯爲趣大乘及乘不思議菩薩。譬如輪王七寶。不人餘衆生手。惟除第一夫人所生太子具足聖王相者。諸菩薩聞此法已成就如是功德。少作功力。得無師自然智。爾時佛神力。世界六種震動。十方各過十不可說佛刹塵數如來。同名普賢。現其前。隨順法性說此法。會中諸菩薩。得神通三昧。皆與授記一生成佛。如上塵數菩薩同名普賢。來此作證。竟

此品辨如因之果。與前品稱果之因。體本平等。不壞二相。先因後果。義亦次第。如來眉間表正道離有無二邊。故白毫表光所出現性無垢。故妙德卽文殊異號。光從頂入。妙智之極。如來口光入普賢口。表教道傳通。爲佛說。故光明者令得無碍辨才。不畏大衆及甚深理。故不爲餘衆生說者。顯華嚴爲別教一乘。佛與菩薩同名。授記作證者。表顯佛佛道同。自既修行得果。所化衆生亦然。菩薩

言一生。根機已熟。衆生言塵剎。積迷已久。但對機宜而已。於實性中。古今一時。三際一念。以剎那三昧。顯出如來正智慧海。則無邊迷夢。頃刻頓滅。爲經不可說劫成佛。號殊勝境界者。逈出情計之眇域也。夫始自文殊根於普光本智發信。經歷五位。進修至十一地。再會普光明殿。佛果既成。獲得十身正報。以普賢大行。圓融廣利。則自性如來之德。於此明極。又通顯二品義名。依性起修。依性起用。差別相盡。因果體均。故名平等因。是果因量周法界。果是果果。境界如空。因果俱盡於未來際。利樂含識。故綜名如來出現品。總該果行也矣。

第三。托法進修成行分。謂沒彼位名。於法生解。欲顯行位無礙。前後圓融。爲成行因果周有一會。

八三會普光明殿。普賢爲主。說二千行門。有一品。

第三十八離世間品。謂別行本名。度世經。又名普賢菩薩答難二千經。世間有三。器與有情正覺。離則有二。一性離。世間性空。故二事離。處世無染。故凡夫染世不能出離二乘雖離不能隨順今明果行悲能隨世智能不染常在世間曾無淨見何況染相隨離雙泯方爲眞離者經云世尊在摩竭提國普光明殿坐蓮華座妙悟皆滿不可說刹塵菩薩各從他方來集普賢入佛華嚴三昧時十方世界六種震動然後從此三昧而起普慧知衆已集問普賢言佛子願爲演說何等爲菩薩依普賢答言佛子菩薩有十種依云云說此品時十方諸佛現前讚歎竟此繼如來出現品亦於普光明殿說者示五位功成自性如來出現還依普光本智利生果後常行同塵不染入佛華嚴三昧者表萬行之因華莊嚴一乘之果海普慧雲興二百問普賢瓶瀉二千酧二百問中問何等爲演說佛何等爲見佛普賢答言菩薩常說十佛所謂成正覺佛無着見願佛出生見業報佛深信見住持佛隨順見涅槃佛深入見法界佛普至見心佛安住見三昧佛無量無依見本性佛明了見隨樂佛普授見菩薩安住此法則常得見無上如來意謂於正覺無着於悲願出生於業報生信於住持隨順於涅槃深入

於法界普至。於心安住。於三昧無依。於本性明了。於隨機所樂而普授。果能如是利生常行安住十法常見十佛者。則無所說而非佛。無所見而非佛也。近世佛教機關。諸負重委員。當仰體我佛慈悲。創辦學院。教育僧材。組織演說團體。挽救世道人心。能令青年學子。爲如來使。傳法度生。報恩須於此品注意。

第四依人證入成德分。謂依諸勝善友。深證法界。成德在已。前既行因。證立今乃證藉行深。爲證入因果周。有一會。

九會逝多林。如來善友爲主。說果法界。有一品。

第三十九入法界品。謂入通能所。乃悟解證得之名。法界是所入之法。總唯一眞無礙。語其事理性相。不出本末二會。本則忘修頓證。末則寄人漸修。頓漸互該。本末圓融。亦爲遠答佛解脫海問也。經云。世尊在逝多林。五百菩薩。六千聲聞。及無量諸世主等。請求說法。爾時如來入師子頻申三昧。一切世界嚴淨。此大重閣。忽然廣博。十方菩薩來集。充滿其林。中舍利弗等。皆不見世尊從眉間白毫放光菩薩大衆悉見神通力得入甚深三昧以佛三昧光明照故於其身上一一毛孔皆出不可說塵數光明諸神變事方便教化成就衆生而亦不離逝多林竟

此說本會大衆皆默示神變以彰果法表五位法而不分五位意由前修功終忘言頓證一念圓該無復漸次聲聞永出有海住無礙處世主爲不請友大權示現如來放光入定新衆來集者表示法界佛果本智妙行頻申乃自在無畏適然動容之貌喻此三昧依如來放光之無作智自在無爲適然示現廣大德用聲聞示同不見以顯行境難思攝諸小乘趣入時彼大衆蒙佛光照悉見種種應現入不可說佛神變海斯皆不藉言詮默契行境也本會止此正宗分竟以下流通分經云文殊師利童子從善住樓閣出與無量同行菩薩詣佛禮辭南行當時尊者舍利弗引六千比丘往詣其前文殊如象王回顧而告之言成就趣大乘十法速入佛地比丘聞已即得無礙三昧見諸佛境界漸至福城東大塔廟處說普照法界修多羅大海中無量百千億龍聞法生天一

萬諸龍。於菩提心不退。三乘衆生。各自調伏。當時福城人。聞文殊在大塔廟處。近事男女及童男女各五百人。來詣其所。文殊童子將欲說法。觀察善財因緣。殷勤勸喻。善財從文殊聞法。一心勤求無上菩提。文殊言善哉。汝已發菩提心。欲親近善知識。問菩薩行。修菩薩道。善知識是具一切智最初因緣。勿於此生疲厭。汝發菩提心甚難。發心求菩薩行倍更爲難。若欲成就一切智智。應決定求眞實善知識。所有教誨。皆應隨順。善巧方便。勿見過失。於此南方有善知識。德雲比丘。得憶念諸佛境界智光普見法門。亦名念佛三昧。至德生童子有德童女。得幻住解脫。共計五十知識法門。再往海岸國。彌勒廣大樓閣。善財詣前。頂禮彌勒。從別處來。觀察說頌。摩善財頂。善財答言。我已發菩提心。求菩薩行。彌勒觀道場衆會。此長者子。曩於福城受文殊教。來至我所。未曾起一念疲倦。甚爲難得。稱歎發菩提心功德二百二十一句。已汝入樓閣。周徧觀察。則能了知學菩薩行。彌勒詣樓閣前。彈指開門。令善財入。入已還閉。復攝神力。告善財言。

起。法性如是。此是菩薩知諸法性智因緣聚集所現之相。此解脫門。名入三世一切境界不忘念智莊嚴藏。問此莊嚴從何處去。答於來處去。曰從何處來。答從菩薩智慧神力中來。復問大聖從何處來。答諸菩薩無來無去。如是而來。從大悲而來。爲調伏衆生故。我生處摩羅提國而來。善男子。我願滿足一切智得菩提時。汝與文殊俱得見我。汝當往文殊師利所而問之。善財禮辭到普門國思惟文殊。奉覲。是時文殊遙申右手。過一百一十由旬。按善財頂。宣說法要。令入普賢行道場。及置善財自所住處。文殊還攝不見。於是善財一心願見文殊觀察普賢解脫境界。即聞普賢名字行願。即見普賢在如來前坐蓮華座。衆共圍繞。最爲殊特。觀見普賢身分一一毛孔自在神通境界。普賢即申右手摩善財頂。即得無量無數三昧。汝且觀我清淨色身。又汝自見自身在普賢身內毛孔刹中。念念周徧無邊刹海。敎化衆生。令向無上菩提。當是時。善財童子次第得普賢行願海。與普賢等。與諸佛等。時諸菩薩願聞如來眞實功德。言念普賢。

所說不虛。普賢具足功德。猶如蓮華。不着塵垢。普賢告大衆言。我今欲說佛功德一滴之相。廣顯佛德九十五偈。末云。剎塵心念可數知。大海中水可飲盡。虛空可量風可繫。無能盡說佛功德。若有聞此功德海。而生歡喜信解心。如所稱楊悉當獲。愼勿於此生疑念。覺 此說末會文殊童子。出樓閣南行。表從法身本智。起差別智。就俗利生。創行啓蒙。向明首先解分信位。尊稱菩薩。爲進修之門。欲由心生解。自因趣果。此乃証分信位。改稱童子。爲造悟之門。欲解終趣。証自蒙發覺。稱位雖異。智體是一。故皆名文殊。比丘龍神三乘衆。觀察文殊說法。各得無量利益。福城四衆來塔廟處。顯古佛道同。由覺趣行。福城即覺莊嚴幢。即行四衆即俗明眞。五百人表圓彰五位也。善財南詢五十三知識法門者。善財生時。家有自然七寶。五百寶器盈滿。此從先世信根種七聖財。信佛五位行門。感此報生。五十表五位各十波羅蜜。三即文殊普賢彌勒。爲五位智行因果。各徧五位。一一法中。爲體用也。住行向地等覺五位。寄配自德雲比丘至德生童子有德童女及指示見彌勒文殊普賢三聖。成爲五十三參。彌勒命善財入樓閣。於自身上現無盡佛刹諸莊嚴事。隨意能見十方諸佛菩薩法性。如是意明卽此俗身含諸佛刹也。彌勒又令見文殊。意顯至果同因。本始圓成。智照無二相也。文殊再令見普賢。卽聞名字行願具足。諸願行海。與普賢等。與佛等。然此三聖位。爲一切諸佛圓極果法。人人莫不具足。彌勒者自性根本智果也。文殊者自性普光智體也。普賢者自性差別智用也。三本一體。會合於衆生如來藏中。隨情轉變。化爲異物。大聖愍焉。將以治其情。復其變。故依根本智果普光智體。起差別智用。經歷五位。重重逆順。鍊磨習氣。及其習盡智明。功終悲滿。則三者本體無爲無作。脫然圓現。故於五十位後。獨立三聖。以令其見此示修華嚴者。功終行滿。皆能於自性中證此三果。不從他得。是爲返本還源之正位。毘盧垂敎。善財引發。皆欲人人造極於此。凡諸華嚴行者。當務企及。庶不負先聖垂敎引發之深慈也矣。總而論之。前三十八品。自衆集標宗舉果勸信。以歷五位。

證三覺。而卒於離世間品。同塵不染。始自凡夫。終至成佛。乃修行證果之眞範。最後一品。本末圓該。深固幽遠。如來入定放光。眞常獨露。十方新衆來集。默契如如。廓爾忘緣、德用無涯。爲一經之統要。及善財南遊。跡示實行。依前法體。以重明前則詮示法門。此欲體而行之。體之之要。在於默得。不涉言詮。如諸知識。多見於動容之間。十住德雲比丘。於別山徐步經行。以示寂用不二。十行善見比丘。於林中經行。以示妙行無住。十向鬻香長者。和合諸香。以示智悲圓融。十地主當春生夜神。女身以示長養大悲。十一地摩耶夫人。幻生成佛。以示悲終智現。而卒於彌勒樓閣、一彈指間。頓示十方法界。無盡事相。從微至著。皆欲默體。不涉言詮。雖就中有言。特緒餘耳。蓋言可詮道。終不能盡道。故孔氏云。言不盡意。立象以盡之。而祖師門下。猶以爲未也。撥去名言色相。而獨得於拈槌舉拂之際。恰似良馬見鞭影而走。當時臨濟遭黃檗三頓痛棒。至今兒孫遍天下。卽此可以想見矣。末法六和僧伽。立志向道。求其眞參實悟者。須於五十三知識法門。尅苦研究。親歷其聖境焉。而後可。

大方廣佛華嚴經入不思議解脫境界普賢行願品由唐貞元年間般若三藏譯成入法界品四十卷中之最後一卷。爲華嚴之關鍵。特附於八十卷之末。西域相傳云普賢行願讚爲略佛華嚴大方廣佛華嚴爲廣行願讚以今合而觀之。理實然也。大等七字照前解。不思議解脫境界。即所入也。心言不及爲不思議。作用離障爲解脫。智造分域爲境界。普賢行願。即能入也。德用善順爲普賢造修希求爲行願。入之一字通能所。心智契合爲入也。品類也。入等十六字是此一類之義也。經云普賢稱歎如來勝功德已。告諸菩薩及善財言。如來功德十方諸佛經剎塵數刦相續演說不盡。若欲成就此功德。應修十種廣大行願一者禮敬諸佛。二者稱讚如來。三者廣修供養。四者懺悔業障。五者隨喜功德六者請轉法輪。七者請佛住世。八者常隨佛學。九者恆順衆生。十者普皆迴向再逐次解釋。說長行重頌已。善財踴躍。菩薩歡喜。如來讚歎。是時世尊演說此法。法。普賢文殊彌勒等。及十方來集諸菩薩。舍利弗等聲聞。并天龍八部諸世主等大衆。聞佛所說。皆大歡喜。信受奉行。竟此此長行云。十大願王。具足圓滿。一經耳聞。功德無量。若有深信受持讀誦此願王者。住世無礙。如空中月出於雲翳。是人臨命終時。最後剎那。諸根敗壞。一切親屬威勢寶藏無復隨從。惟有願王不相捨離。於一切時。引導其前。一剎那頃即得往生極樂世界。親見阿彌陀佛文殊普賢觀音彌勒諸菩薩。圍繞其人自見坐蓮華中。蒙佛授記。得授記已。經無量劫。利益衆生。不久當坐菩提道場。成正覺。轉法輪。能令佛剎塵數衆生。發菩提心。隨其根性。教化成熟。盡於未來際劫。廣能利樂含生。然是經專顯毘盧境界。云何必以極樂爲歸宿。蓋阿彌陀一名無量光。毘盧遮那此翻光明遍照。同一體故。非去來故。於一體中。要亦不無去來者。起信論云。衆生初學是法。信心怯弱。如來有勝方便。專念阿彌陀佛。所修善根。皆回向。發願往生。即得見佛不退。上根利智。了得自性彌陀。全顯唯心淨土。舉一法身。攝無不盡。故四種念佛。以實相爲究竟。然理雖頓悟。事須漸修。如華嚴教旨十住初心。卽同諸佛五位進修。不無趣向。未臻妙覺。階次宛然。至於十地。始終不離念佛。此土行人。縱能伏惑發悟。未證無生。甯逃後有。不依佛力。功行難圓。必待回向樂邦。親蒙授記。淨諸餘習。成滿願王。是知此經以毘盧爲導。以極樂爲歸。旣覲彌陀。不離華藏。家珍具足。力用無邊。蓮池老人。眞爲我末法緇流模範。專門提唱淨土老實念佛。加以華嚴教觀。薰修助發。一乘智境。觀經云。上品上生。必讀誦大乘方等經典。卽此意也。華嚴爲諸經冠。稱普賢爲法長子。以普賢行願功德力。尙且求生西方。親近彌陀。末世業障凡夫。可不深長思焉。我佛願行經劫海。證此難思解脫門。慶幸見聞充法喜。普度含靈報佛恩。以此功德皆回向。冤親平等體乾元。三途八難息痛苦。同登華藏禮慈尊。

夢佛供像文

我釋氏佛像原於優闐王。初刻旃檀。波斯匿始鑄金質。世尊與之授記。當來應供利生。於是人民乃有供像之設。適余年十五時患目疾。吾父教勅上疏觀音像前。許愿喫素。且時讀善書。所云至心稱念阿彌陀佛一聲。能滅八十億刦生死重罪。遂卽發心默念。至年二十七。値觀音誕日。薙髮爲僧。始依蓮池西方願文。念佛更切。民國紀元春。辭退金陵毘盧寺住持事。承雲南僧界之邀。組織滇藏支部。開辦學校。五年首夏。幻住公園南詢古寺（即今三官殿）夜夢至一小廳。光明如晝。中央站立阿彌陀佛。高大以過於常人。隨跪蒲墩。稽首默祝。早晚發願見佛。今得見之。欣幸奚似耶。是時恍有醫生視立像右脚。我卽轉念曾於此脚跌傷。可能醫治否。及醒。眼見私室佛像前燈光輝煌。始覺夢中幻境。其信耶。其不然耶。迨六年夏。由滇渡南洋梹榔嶼極樂寺。到鼎峯長老精舍。見彌陀站像高四五寸許。銅鑄金裝。相好端嚴。令人愛敬。余喜極。戲謂長老曰。是我所供也。

長老驚異曰。我由福建來無長物。惟供奉此像。奈何如斯云云。當即答以上所夢。一笑而訖。他日又歡喜而來。瞥見我房空虛。笑談頃刻即去。還送彌陀立像至。捧上佛龕。余乃喜出望外。燒香禮拜。始知前年所夢。乃先兆也。長老叮囑曰。汝當發願。求生西方。余即頂禮答謝。誓盡形壽供奉。普度含生。同報佛恩。近讀紫柏集。妙光居士請蓮池老人所供彌陀立像文。有舟子感夢至再。船不載人。以待佛至。迎像者異之。余今於夢中見佛禮拜。覺時捧像供養。與居士見像迎請。舟子夢佛船載。如出一轍。然其夢覺雖殊。要之不離於意識則一也。淨業行者。當以唯心觀之。鴈過長空。影沉寒水。未始非一法之所印歟。余年六十有一。觸露前境。特濡筆而書之。

觀吉祥花記

異水陸植物品類四季競放爭妍者甚蕃然其間亦有不應時而開者僉曰奇異焉民國己巳年雙十國慶日余主講室前花臺從事報告曰三瓶吉祥草花開五朵甚奇覺長老見而笑之曰奇怪吾前年開花一朵有徵驗焉余曰果然異日王守坤君來亦說我曾見母舅家有此休徵者余閱植物書屬百合科云此草不易開花必是主家喜慶故以吉祥爲名噫異哉栽草多年未見抽穗而今有此抑亦華嚴大經所在爲三寶吉祥地之預兆乎乃不覺怦怦然而心許之隨擬題曰觀吉祥花記令學生作文誌喜王君亦欣然讚許即呼從事者捧花瓶至學院拈粉筆書題於黑板當時學生德藏即向丹墀花臺檢看亦有三瓶開花五朵諸生歡悅擁觀曰希奇希奇咸嘖嘖不已余熟思之去歲主任教務事宜以來講演華嚴大部現相品云如來面門齒間放光十方海衆雲集及眉間放光右繞足下入爾時佛前大蓮華忽然出現乃通表所詮佛華嚴故賢

首約義釋云。華即是事。舉體同眞。十玄十對。一一圓收。然此草花瓶六朶。十。恰似六相十玄。表顯法界圓融具德。十十無盡。亦云奇矣。斯時也。夏曆重九。正當講演賢首品。會主文殊。名妙吉祥。及升須彌頂品。云世尊不離樹下。而升須彌。帝釋即置普光明藏師子座。憶念過去佛所種諸善根。而說頌。迦葉如來具大悲。諸吉祥中最無上。再則曰是故此處最吉祥。句句連接。約成十十無盡緣起法門。不意主空神。又有此頌言。佛身如虛空。無生亦無取。無得無自性。吉祥風所見。如此天然巧合。亦更奇矣。溥常自光緒二十五年。歲次己亥。即參九華山翠峯華嚴道場。末座。中國講此經者。實爲第一首創。當時覆講十回向志。譬如眞如百門。同學嬉喜獎許。及在金陵親近赤山老人。曾與月霞法師同志組織華嚴講座於毘盧寺。忽遇革命中止。今日報恩佛學院法會。雖非晉時之雙童現瑞。而親見此衆口說異。比觀時世之潮流。形形色色。奇奇怪怪者。又將如何著想。然達觀之士。輒曰夢中說夢。非幻成幻。當付諸一笑。又何奇異之有。余乃點額自愧。老朽無文。姑以筆記。請看他日吉祥者。

華嚴綱要淺說後序

全佛如來說經。有小大不思議解脫者。淨名也。華嚴也。此之解脫。既云大不可思議。卽是非思量言議之所企及。所以淸涼判此乃圓教中之別教一乘。爲事事無礙法界也矣。試觀海雲比丘住海門十二年。以大海爲其境界。時彼海中蓮華座上如來。申右手摩頂。演說此普眼法門。受持讀誦。憶念觀察。假使有人以大海量墨。須彌聚筆。書寫此一品中一門。一門中一法。一法中一義。一義中一句。不得少分。何況令盡。溥常述此綱要淺說。安敢於佛法大海中沾一滴。實迫於諸子僉請。及近世潮流所趨。向歐風東漸。有唯心唯物之派別。以我毘盧如來成道。首說此經。性相圓融。廣大悉備。法界緣起。理實因果。不思議爲宗。堪爲科學家之歸宿。始知大無畏精神者。惟我佛陀一人。故作此引導火線而已。庚午國曆十月十二日搦管。至大盡止。屆指十八日草就。時遭脚痛生濕。相似跛足。成爲行解不相應之現象。吾實滋愧。追憶民國十七年戊辰九月一日由本寺担負經費開辦學院以來承覺住持及兩序公舉認主講兼主任事。逐日陞座講說學僧二十餘員。乃三寶最吉祥地。至十九年庚午十一月三日圓滿。再得吉祥草三瓶。開花十朵。貢獻講堂。作偈四句。三聖圓融妙吉祥。花開朵朵供中央。法筵海衆皆微笑。日照高山滿十方。令諸學子賡和。以誌法喜。如此囈語。成就夢中佛事。亦自號夢忍行者。附此以博一噱。特述顛末序於後云。

佛曆二千九百五十九年

中華民國二十年元月二十六日古曆庚午

佛成道日宏鉢釋溥常謹識

華嚴綱要淺說勘誤表

頁數	行數	字數	誤	正
序一	十二	二十一二	融圓	圓融
序一	十二	二十三四	融圓	圓融
序一	騎縫	十二	說序	序
序二	騎縫	十二	說序	序
序三	一	九	釋	說
序三	三	十	由	有
序三	九	八	愛	變
序三	十一	一	遊	逝
序三	十一	二十四	証	證。
序三	騎縫	十二	釋序	序
序三	騎縫	十四	一	三
序四	騎縫	十二	釋序	序
序四	騎縫	十四	二	四
圖			說信十法門	說十信法門
圖六			十迴向二五	十迴向品二十五
	五	二十九	智	頂
一五	一	十	失	夫
二〇	四	十四	六	四
二〇	六	十九	著、	著。
二一	九	十四	證	證。
二三	一	十五	身	身。
二六	十	七	勝	後
二九	三	二七	體	體。
二九	五	四	第四字下脫一字	十
三五	十二	二〇	命	名
三六	四	五	人	入
四二	二	十二	問	門。
四二	二	二〇	答	答。
四二	二	三〇	答	答。
四二	三	十八	答	答。
四三	四	一	楊	揚
四五	七	一五	悲	悲。
四七	一	一	法	法
四七	一	二	法	門
四七	二	一九	此	說
花記一	一	一	異	凡
花記二	八	二八	志	品
後序一	二	一	亟	我
後序二	八	一七	東	東

華嚴綱要淺說

全一冊

中華民國二十年五月初版

◎每冊定價大洋二角半
（外埠酌加郵費）

著述者 溥常法師

校印者 佛學書局

印刷者 國光印書局 上海新大沽路六七一號 電話三三七四三號

總發行所 上海佛學書局 閘北新民路中國慶路口

分發行所 上海佛學書局 北火車站東首寶山路口

分銷處 各埠佛經流通處